Wolfgang Schad
Der periphere Blick

D1720501

Wolfgang Schad

Der periphere Blick

Die Vervollständigung der Aufklärung

Verlag Freies Geistesleben

Anthroposophie und Naturwissenschaft 1/7

1. Auflage 2014

Verlag Freies Geistesleben
Landhausstraße 82, 70190 Stuttgart
Internet: www.geistesleben.com

ISBN 978-3-7725-1401-2

© 2014 Verlag Freies Geistesleben
& Urachhaus GmbH, Stuttgart
Umschlaggestaltung: Thomas Neuerer
Druck: cpi – Clausen & Bosse, Leck
Printed in Germany

Inhalt

1. Der zentrische und der periphere Blick

1604 trat ein achtjähriger Knabe in das eben gegründete französische Jesuitenkolleg in La Flèche/Anjou ein. Es war der aus einfachem Adel stammende René Descartes. Hier erhielt er die Bildung seiner Zeit, denn der Jesuitenorden hatte sich zur Aufgabe gemacht, die aufgekommenen Naturwissenschaften als eine intellektuelle Stütze der katholischen Glaubenswelt einzusetzen. Nach der Schule wollte Descartes im «Buch der Welt» lesen: Er bereiste viele Länder Europas. Bald war er in den unsäglichen Dreißigjährigen Krieg verwickelt (in der Schlacht am Weißenberg bei Prag 1620) und erlebte die Ausrottung großer Teile der Bevölkerung Mitteleuropas mit. Zunehmend zog er sich in seine Studierstuben am Rande des Geschehens nach Holland zurück und hielt sich an das Wort des Augustinus: «Geh nicht hinaus, betrachte dich selbst: In dir ist Wahrheit.» Also entschloss er sich zum totalen Zweifel an der Welt und besonders an allem, was man ihm von Gott und der Welt gelehrt hatte. So befreite er sich von jahrhundertealtem Dogmenballast, indem er allein die Sicherung von Wahrheit in sich selbst suchte: Ich zweifle an allem. Was bleibt dann als letzte Gewissheit? Der, welcher an allem zweifelt, ich allein.

So heißt es in seinen späteren *Principia philosophiae* 1644: «Ego cogito, ergo sum.» Mit dem Zusatzwort «Ego» wird noch verstärkt, dass er dem eigenen Ichzentrum die Vormachtstellung vor aller Wirklichkeit der Welt gab. Dieser Satz gilt als Grundlegung der Aufklärungsphilosophie, ist aber meist missverständlich übersetzt worden mit «Ich denke, also bin ich.» Dem eigenen Kontext entsprechend müsste er besser heißen: «Ego dubito, ergo sum.» Denn dabei wird nichts Inhaltliches gedacht, sondern an allen Wahrnehmungen, auch denen des eigenen Leibes, ebenso gezweifelt wie gerade auch an allen bisher gelernten und eingesehenen Gedanken – selbst der so klaren Mathematik und Geometrie. Der totale Zweifel umfasst bei Descartes expressis verbis eben auch die Versagung jeglicher produktiver Gedankeninhalte. – Oder man nimmt das «cogitare» wörtlich im ursprünglichen lateinischen Sinne als das «in corde agitare» = «im Herzen bewegen», also nicht das rationale Denken, sondern die innere Überzeugung, dass es wenigstens mich gibt.

Descartes' Entschluss zum ausschließlichen Zweifel war der historisch verständliche, weil jetzt notwendige Pendelgegenschlag zur Glaubenswelt des zu Ende gekommenen Mittelalters – allerdings mit der Konsequenz nicht nur des Glaubens-, sondern auch des Weltverlustes.

Descartes hatte dabei nicht bemerkt, dass alle innerseelischen Vorstellungen, auch die vom eigenen Ego, nur Abbildcharakter haben, also prinzipiell nur Schein sind. So bezeichnete Steiner das «Cogito, ergo sum» als «den größten Irrtum, der an die Spitze der neueren Weltanschauung gestellt worden ist» (GA 293, 2. Vortrag).

Bezeichnenderweise schränkte Descartes schon im 3. Paragraphen seiner Schrift den totalen Zweifel ein, um im Leben nicht zum völligen Solipsisten (solus ipse = allein ich selbst) zu werden. So heißt es bei ihm:

«Dieser Zweifel ist indessen auf die Erforschung der Wahrheit zu beschränken. Denn im tätigen Leben würde oft die Gelegenheit zum Handeln vorübergehen, ehe wir uns aus den Zweifeln befreit hätten.»

Das heißt: In seiner Art der Wahrheitssuche fallen Wissenschaft und Leben erstmals im Prinzip auseinander. Weltentfremdung und Weltverlust sind die Folgen – mit all jener Weltuntauglichkeit, die uns der Rationalismus bis heute angesichts z.B. der Ökokatastrophen beschert hat. Er hatte trotzdem zuerst einmal die genannte positive historische Bedeutung.

Natürlich versuchte auch Descartes, nach dem Zweifel die Welt wiederzugewinnen, aber er tat es leider nicht auf dem Boden des eigenen Erfahrungsprinzips, sondern mit jener einst gelernten Rabulistik, die er vorher so massiv abgelehnt hatte: Da ich Gott als das in der vollen Wahrheit und Güte bestehende Wesen denken kann, ist diese meine Gottesidee selbst der Beweis Gottes. Weil er gütig ist, wird er mich nicht täuschen wollen, also werden die mir von ihm verliehenen Sinne und Gedanken doch wohl die Welt zeigen (Specht 2006: 91). Hier fällt Descartes faktisch hinter sein eigenes aufgestelltes Prinzip zurück. Die Aufklärungsphilosophie des französischen Rationalismus begründete damit nur eine unvollständige, halbe Aufklärung. Sie wurde erst vervollständigt durch den

Bologna-Vortrag Steiners (Vortrag vom 8. April 1911):
Was ich als mathematische Gesetzmäßigkeit im inneren
Seelenraum widerspruchsfrei denken kann, ist die glei-
che Gesetzmäßigkeit, die ich in der sinnlich-empirischen
Welt, z.B. in physikalischen Gesetzen, vorfinde. Beide
Seiten haben an der gleichen Wahrheit teil:

«Es soll der Einfachheit halber zunächst hier auf
den Inhalt der Weltgesetzlichkeit verwiesen werden,
insofern dieser in mathematischen Begriffen und
Formeln ausdrückbar ist. Der innere gesetzmäßige
Zusammenhang der mathematischen Formeln wird
innerhalb des Bewusstseins gewonnen und dann
auf die empirischen Tatbestände angewendet. Nun
ist kein auffindbarer Unterschied zwischen dem,
was im Bewusstsein als mathematischer Begriff lebt,
wenn dieses Bewusstsein *seinen* Inhalt auf einen empirischen Tatbestand bezieht; oder wenn es diesen
mathematischen Begriff in rein mathematischem ab-
gezogenen Denken sich vergegenwärtigt. Das heißt
aber doch nichts anderes als: Das Ich steht mit seiner mathematischen Vorstellung nicht außerhalb der
transzendent mathematischen Gesetzmäßigkeit der
Dinge, sondern innerhalb. Und man wird deshalb
zu einer besseren Vorstellung über das ‹Ich› erkennt-
nistheoretisch gelangen, wenn man es nicht innerhalb der Leibesorganisation befindlich vorstellt, und
die Eindrücke ihm ‹von außen› geben lässt; sondern
wenn man das ‹Ich› in die Gesetzmäßigkeit der Dinge selbst verlegt und in der Leibesorganisation nur

etwas wie einen Spiegel sieht, welcher das außer dem Leibe liegende Weben des Ich im Transzendenten dem Ich durch die organische Leibestätigkeit zurückspiegelt.» (GA 35: 139)

Die parabelförmig gebauten Brückenbögen halten. Kristalle wachsen in geometrisch konstruierbaren Formen etc. Also hat das Ich an den Weltgesetzmäßigkeiten vollen Anteil. Das erkennende Ich lebt also nicht weltverloren im Leib, sondern im Weltgeschehen selbst gerade auch geistig darinnen. Der Leib ist mit seinem Nervensystem nur das Organ der Bewusstmachung dieser Tatsache in leibgebundenen Vorstellungen. Das tätige Ich selbst ist Weltinhalt, ja dieses ist überhaupt erst das wahre Ich (siehe auch Schad 2011).

Im Folgenden sei auf die fruchtbaren Folgen dieses Perspektivenwechsels auf den verschiedensten Ebenen des menschlichen Lebens eingegangen.

2. Organismus und Mitwelt

Wir sind nicht nur geistbegabte und seelisch vorhandene Wesen, sondern auch biologische und tragen damit das Geschenk eines individualisierten lebenden Organismus an uns. Die Lebensfähigkeit bekommen wir von unseren Eltern vererbt. Das ist bei Tier und Pflanze nicht anders. Als Goethe begann, seine botanischen Studien zu betreiben, sprach er vom «doppelten Gesetz»: Jedes Lebewesen ist fähig, sich auf die jeweiligen Umgebungsverhältnisse mehr oder weniger gut einzustellen, und doch behält es eine geerbte Spezifität bei:

> «Das Lebendige hat die Gabe, sich nach den vielfältigsten Bedingungen äußerer Einflüsse zu bequemen und doch eine gewisse errungene Selbstständigkeit nicht aufzugeben.» (Maximen und Reflexionen 1253)

Die Unterscheidung von Vererbung und Umwelt wurde so zum Thema der Biologie des 19. Jahrhunderts bis weit in das 20. hinein. Der Begriff «Umwelt» fordert den Begriff «Innenwelt»; in ihr erhält der Organismus seine Eigenart als die von seinen Vorfahren ererbte gegenüber den Außenfaktoren aufrecht. Doch der spätere Goethe misstraute dieser Innen-Außen-Trennung als einem allzu menschlichen Dualismus von Subjekt und Objekt, der damit auf die organische Welt projiziert wird. So heißt es am Ende der *Xenien*:

Teilen kann ich nicht das Leben,
Nicht das Innen, noch das Außen.
Allen muss das Ganze geben,
Um mit euch und mir zu hausen.

Die Trennung ist nur als methodischer Vorlauf sinnvoll. Die Verschränkung ist die volle Wirklichkeit.

Die biochemische Entdeckung der Erbsubstanz DNA nährte die Hoffnung, damit das «Basiswissen» für die Organismen und so auch den Menschen zu bekommen. Denn aus den Genen – so meinte man – ließen sich alle Merkmale ableiten. Dabei hatte man unnötigerweise vergessen, was schon 1950 Alfred Kühn in seinem Standardlehrbuch der Vererbungslehre hervorgehoben hatte: dass kein einziges Merkmal vererbt wird, sondern nur die Vorgabe, auf die jeweiligen Umweltfaktoren mit der Ausbildung spezifischer Merkmale zu reagieren. Es werden allein «Reaktionsnormen» von breiter bis zu engerer Plastizität vererbt. Es gibt keine umweltferne Vererbung, wenn man unter «Umwelt» alles versteht, was nicht Erbgut, also DNA, ist, also auch die gesamte enzymatische Ausstattung (zumeist Proteine = Eiweiße) in jeder Zelle, ohne die die DNA selbst nichts kann.

Für die Kenner war es nur eine Frage der Zeit, bis die genauere Analyse zeigen wird, dass die Genetik durch die Epigenetik ergänzt werden muss. Es gilt nicht der Monokausalismus der Lehrbücher:

Purinsequenzen in der DNA $\rightarrow$ spezifische Proteine,

sondern   Purine $\leftrightarrows$ Proteine.

Wie immer im Leben haben wir es auch hier mit «Wechselursachenverhältnissen» zu tun (GA 300 II: 105). In der zyklischen Kausalität werden die Wirkungen selbst zur Ursache der Ursachen. Zum zentrischen Blick auf die Summe aller Gene (das Genom) gehört der periphere Blick auf das lebende Eiweiß der Zelle, die Gewebe, die Organe, der Wechselbezug im Organismus und dessen Einbettung in seinen Lebensraum, den Oikos. Statt von «Umwelt» spricht man deshalb besser von «Mitwelt», da es eine abgeschlossene genetische Innenwelt ebenso wenig gibt wie eine davon getrennte «Umwelt» (Meyer-Abich 1988: 139). Der gesamte Umkreis ist ebenso beteiligt. Das ist der ökologische Blick.

3. Das Rhythmenspektrum des Menschen

Als der Student Rudolf Hauschka 1924 seine ihm wichtigste Frage Rudolf Steiner stellen konnte: «Herr Doktor, was ist Leben?», bekam er keine definierende Antwort, sondern eine Aufgabenstellung: «Studieren Sie Rhythmen, Rhythmus trägt Leben.» Inhaltlich findet sich Wesentliches dazu in Steiners Vortragsreihe *Geisteswissenschaftliche Menschenkunde* (GA 107), insbesondere in den Vorträgen vom 21.12.1908 und 12.01.1909. Sie wurden der Anlass zur lebenslangen Rhythmenforschung des Mediziners und Arbeitsphysiologen Gunther Hildebrandt (1924–1999) in Marburg. In 49-jähriger Forschungsarbeit konnte er mit vielen Mitarbeitern das gesamte biologische Rhythmenspektrum des menschlichen Organismus aufdecken, insbesondere dessen chronobiologische Dreigliedrigkeit.

Es stellte sich heraus, dass die schnellsten Oszillationen im Zentralnervensystem stattfinden, dabei mit weithin verschiebbaren Frequenzen der elektrischen Potentialschwankungen. Die aufbauenden Stoffwechselabläufe hingegen nehmen sich viel mehr Zeit in rhythmisch recht stabilen Langzeitperioden von Stunden, Tagen, Wochen, Monaten und Jahren. Erstere stehen unserem momentanen Willkürbewusstsein zur Verfügung, indem sie sich gerade von festen Frequenzbindungen freigemacht haben. Hier herrscht eine «Physiologie der Freiheit» (GA 201, 1.5.1920, 10. Vortrag). Letztere sind die stabilen, planetarisch vorgegebenen Rhythmen wie die Eigenumdrehung der Erde, der Umlauf des Mondes und der Umlauf der Erde mit dem Mond um die Sonne. Damit sind wir chronobiologisch immer an den realen Kosmos angeschlossen.

Die zentralrhythmischen Vorgänge von Atmung und Kreislauf vermitteln nun zwischen den mehr umweltunabhängigen und den mehr umkreiszugewandten Biorhythmen. Sie sind gleicherweise zu relativ frequenzlabilen wie zu relativ frequenzstabilen Rhythmen fähig. Das ist die Hildebrandtsche Entdeckung der dreigliedrigen Zeitordnung im Menschen.

Steiner kennzeichnete das Leben als die teilautonome Zeitordnung jedes Lebewesens, die er deshalb «Zeitleib» oder, auf Griechisch, «Ätherleib» nannte. Häufig charakterisierte er diese Kräfte als aus dem Kosmos bewirkte «Universalkräfte» im Gegensatz zu den die wägbaren Stoffe beherrschenden «Zentralkräften». Er hatte vorwiegend den «peripheren Blick». Es lassen sich nun die Verhältnisse des eigenzeitlichen Ätherleibes noch differenzierter beschreiben. In den elektrisch messbaren Spannungsschwankungen der Hirnströme, erfassbar im EEG, haben wir die mehr zentrische Anbindung des Ätherleibes, die uns im Stirnhirn das Bewusstsein des eigenen zentrischen Tages-Ich gibt. Erst in den Langzeitrhythmen, wie sie insbesondere in der 24-Stunden-Rhythmik von praktisch allen Organen in uns gelebt

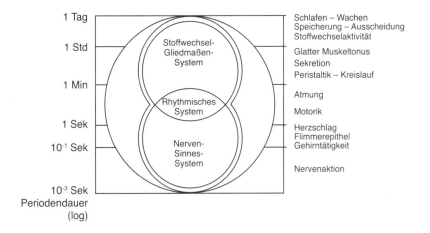

Abb. 1: Die zeitliche Dreigliederung des menschlichen Organismus in seinem täglichen Rhythmenspektrum (aus Hildebrandt 1984).

werden, sind wir, verstärkt im nächtlichen Schlaf mit seinen 90-Minuten-Rhythmen des heute gut bekannten REM-Schlafes, an den kosmischen Umkreis angeschlossen. Durch die Erdumdrehung sind wir an den Polen nur dem halben (= nördlichen oder südlichen) Sternenhimmel ausgesetzt, am Äquator schon in zwölf Stunden dem gesamten Sternenhimmel. Die mittleren Breiten nehmen eine Mittellage ein. An den Polen verschwindet der Tag, am Äquator das Jahr. In den mittleren Breiten haben wir immer beide Rhythmen wirksam.

Sicherlich werden spezifische Gesundheits- und Krankheitsdispositionen der eigenen Lebensausstattung von den Vorfahren durch familiäre Reaktionsnormen vererbt, stammen also aus der relativ umweltunabhängigen Generationenfolge. Aber der periphere Blick sieht auch die Ergänzung aus dem Umkreis. Man achte einmal auf die gar nicht so seltene Beobachtung, dass z.B. bei eindeutiger europäischer Abstammung eine Schwangerschaft und Geburt auf anderen Kontinenten einen entsprechenden feinen afrikanischen, indischen, chinesischen oder nordamerikanischen Einschlag bis in die spätere Physiognomie veranlagt. Der den physischen Leib gestaltende Ätherleib zieht sich offensichtlich bei seiner Bildung auch aus der Äthergeographie des jeweiligen Erdenortes zusammen.

Wieder stoßen wir auf den Dualismus von mitweltoffener und zentrischer Wirkung, wie wir sie schon im Doppelrätsel der geistigen Ich-Natur des Menschen und den ebenso doppelbödigen Seelenerfahrungen des eigenen Astralleibes einst von Steiner geschildert bekommen haben (siehe Schad 1981). Nun stoßen wir für den Ätherleib auf die gleiche Polarität.

4. Der vorgeburtliche Mensch

Es liegt nun nahe, auch den physischen Leib in seiner markanten Erscheinung in den peripheren Blick zu nehmen. Dabei stellt sich heraus, dass seine periphere physische Anbindung von Natur aus dem direkten Anblick verborgen ist. Sie besteht leiblich nur während seiner Entwicklung vor der Geburt. Wie nun?

Wer sich für Embryologie interessiert, erwartet in erster Linie den Einblick in die Veranlagung des sich abgrenzenden Leibes und die Entstehung seiner Organe. Dabei zeigt sich, dass in den ersten zwei Wochen der Keim zwar schon kräftig wächst, jedoch ohne auch nur die Andeutung eines Embryos aufzuweisen. Erst im Laufe der 3. Woche setzen erste Anzeichen dafür in einem winzigen Anteil der Keimblase ein (Bildung des Keimschildes mit dem Primitivstreifen), und erst in der 4. Woche findet in geradezu stürmischer Abfolge die Bildung der Grundorgane statt. Jetzt erst geschieht die «Abfaltung des Embryo» aus seinen selbst gebildeten, zumeist viel größeren Hüllen, welche Chorion, Amnion, Allantois und Dottersack heißen.

In der Wirbeltierreihe fehlen die ersten drei noch den Fischen und Lurchen, erscheinen aber erstmals vollständig ab den Kriechtieren und Vögeln. Bei den Säugetieren und dem Menschen gelten sie als bloße «Anpassung an das intrauterine Milieu», indem sie den Kontakt und den

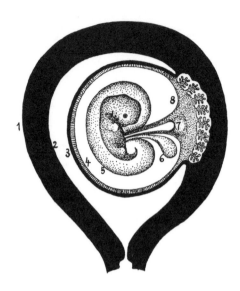

Abb. 2: Der menschliche Embryo in seinen Hüllen. 1 Uterus (Gebärmutter), 2 u. 3 Uterusschleimhaut (Dezidua), 4 Serosa (Chorion laeve), 5 Amnion (Fruchtblase), 6 Dottersack, 7 Allantois, 8 Plazenta (Mutterkuchen = Chorion frondosum). Die kindlichen Gewebe sind punktiert, die mütterlichen dunkel gehalten (Zeichn. U. Winkler).

Austausch mit dem mütterlichen Organismus herstellen: In der 5. bis 7. Woche findet die Bildung aller weiteren Körperorgane statt. Danach spricht man nicht mehr vom Embryo, sondern vom Fötus mit seinem weiteren Wachstum und der langen Funktionsreifung seiner Organe.

Aber auch die vier zumeist sphärisch gebauten Hüllen sind kindliches Gewebe und bald vom gleichen Blut durchzogen wie der Embryo und Fötus. Sie können sogar lange weiterleben, wenn es aus irgendeinem Grunde

Abb. 3: Die Zottenkugel (Chorion), Durchmesser ca. 1,2 cm, am 24. Tag mit dem noch winzigen abgefalteten Embryo von ca. 2 mm Länge mit dem bauchständigen Dottersack und dem rückenständigen Amnion (Zeichn. W. Schad).

nicht zur Embryobildung gekommen ist oder dieser früh rückgebildet wurde (Beaconsfield). Auch sie sind Kind, weil aus der gleichen befruchteten Eizelle entstanden und dadurch mit dem gleichen eigenen Erbgut versehen. Das Chorion bzw. die sich daraus entwickelnde Plazenta ist autonomer als das Kind im engeren Sinne. Sie können alles, was das letztere bis zur Geburt noch nicht kann. Sind sie das eigentliche Kind?

Steiner forderte die ersten anthroposophischen Ärzte und Medizinstudenten auf:

«Dieses Physische im Embryo, das ist allerdings wunderbar ausgebildet, aber daran hat der vorirdische Mensch zunächst den wenigsten Anteil. – Dagegen hat der Mensch, der vorirdische Mensch den größten Anteil an alldem, was rund herum ist. Dadrinnen lebt der vorirdische Mensch, in dem, was im Physischen eigentlich abgebaut wird, und als Abgebautes – Chorion, Amnion und so weiter – weggeht. Dadrinnen lebt der vorirdische Mensch.» (GA 316: 147)

Der Embryo bildet sich vorerst als ein «Modell-Leib» aus der Vererbung. Seine Hüllorgane in ihrer peripheren Zuwendung und sphärischen Gestalt sind jedoch der erste eigene physische Leib des noch kosmischen Kindeswesens, das erst langsam den bleibenden Leib ergreift. Vor der Geburt sind wir also vollständiger als nach ihr: Wir sind vorher noch zuerst periphere Wesen und dann bald auch zugleich zentrische Wesen. Nach der Geburt bleibt nur noch der letztere Teil von uns leiblich lebendig: der auf sich selbst zentrierte Erdenmensch. Dieser ist nun nur noch unsichtbar begleitet von seinem kosmisch-peripheren Anteil, den er lebenslang als seinen besseren Teil wieder sucht (GA 314: 343).

Der periphere Blick auf das Werden vor der Geburt zeigt:

«Es ist so, dass man wissen muss: Amnion ist das physische Korrelat des Ätherleibes, Allantois ist das physische Korrelat des Astralleibes, Chorion ist das physische Korrelat der Ich-Organisation des erwachsenen Menschen.» (GA 314: 294).

Es ist das allseitig bezottete Chorion mit seinem später verstärkt bezotteten Anteil (Plazenta) und dem unbezotteten Anteil (Serosa), das speziell beim Menschen im Laufe der Schwangerschaft integrativ die Funktionen aller drei anderen Hüllorgane übernimmt (Brettschneider 2012), eine Wirkung des höheren Ich. Es ist bis zur Geburt noch unmittelbar leiblich wirksam und tritt dann weitgehend zurück.

*

Wann beginnt überhaupt diese vorgeburtliche Doppelnatur des gesamtkindlichen Leibes? Schon nach der allerersten Zellteilung des befruchteten Eies wird die Veranlagung von Embryo und Chorion auf die dabei entstehenden beiden «Furchungszellen» (Blastomeren) verteilt. Wenn sie nicht getrennt werden (sonst entstehen eineiige Zwillinge), wird aus der einen das Vorstadium des Chorions, der «Trophoblast» (die Nährhülle), aus der anderen der «Embryoblast» (der Embryonalknoten) als dem kommenden Embryo, Dottersack, Amnion und der Allantois.

Die Leibesanlage entsteht aus der Berührungsstelle von Amnion und Dottersack, die dabei teilweise in den Embryo aufgenommen werden. Aus dem Amnion bildet sich die erste Außenhaut = «Ektoderm» (und deren Folgeorgane), aus dem Dottersack die Innenhaut = «Entoderm» des Urdarms mit seinen Anhängen; die mittlere Haut = das «Mesoderm» entstammt dem primären Ektoderm und wandert zwischen Ekto- und Ento-

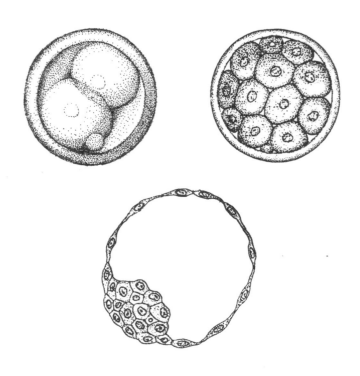

Abb. 4: Oben von links: Keim im Zweizellstadium am 2. Tag nach der Befruchtung in seiner Glanzhülle (Zona pellucida). Die dritte, kleine Zelle (Polzelle) stammt nicht aus der Befruchtung und vergeht in Bälde. Rechts: gleichgroßer Keim aus 30 Zellen (Morula) am 3. Tag. Darunter: Keimblase (Blastocyste), befreit von der Glanzhülle am 4. Tag, vor der Einnistung in den Uterus (nach Hollrichter 2001 u. aus Langman 1980).

derm als Mittelschicht ein. Aus diesen drei «Keimblättern» werden fast alle Organe des endgültigen Leibes dreigliedrig gebildet.

*

Gibt es denn nur die Spaltung des Keimes in die Hüllen und den Embryo, in Peripherie und Zentrierung, in Hingabe und Selbstwerdung? Ist die menschliche Existenz somit prinzipiell dualistisch? Oder finden wir außerdem auch ein Vermittelndes? Tatsächlich gibt es sehr früh, in der 3. Woche, die Entstehung eines fünften extraembryonalen Bläschens, angelegt im extraembryonalen Mesoderm zwischen Amnion und Dottersack vor der allerersten Kopfanlage. Es ist die einzige Bildung aus dem näheren Umkreis des werdenden Embryos, die vollständig in ihn einwandern wird.

Es ist die erste Anlage des Herzens, das – während der Abfaltung des Embryos vom Dottersack – vor dem werdenden Kopf und dem Hals in den oberen Brustkorb einwandert, um im unteren Brustkorb seinen endgültigen Platz zu finden. Dabei wächst aus embryoeigenem, also intraembryonalem Mesoderm ein frisch gebildeter Aderschlauch in das bald eingestülpte Herzbläschen ein. Aus ersterem wird die Herzinnenhaut (Endokard), aus letzterem das Muskelherz (Myokard), das schon sehr früh, ab dem 22. Tag, zu schlagen beginnt, da es primär für die Blutpulsation in den sehr viel größeren Hüllen tätig ist und zuerst nur nebenher auch für den Kreislauf des kleinen Embryoleibes.

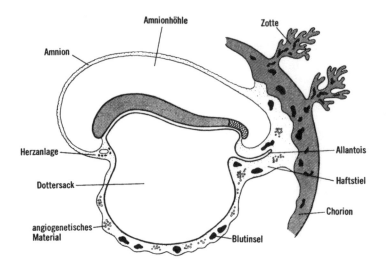

Abb. 5: Die Embryo-Anlage zwischen Amnion und Dottersack um den 19. Tag mit der ersten Anlage des Herzens vor dem Kopfpol. Die sehr viel größere Zottenkugel (das Chorion) ist aus Platzgründen nur in einem kleinen Ausschnitt abgebildet. Dunkel: Die Orte der ersten Blutbildung befinden sich in der Dottersackwandung, im Haftstiel und im Chorion (aus Langman 1980).

So tragen wir lebenslang noch nach der Geburt bis zum Tode einen einzigen, lebendig bleibenden Anteil in uns, der, aus dem näheren Hüllenraum stammend, vollständig in uns eingeht und so immerfort die innere Anwesenheit der Vermittlung zwischen Peripherie und Zentrum durch das ganze Leben hindurch darstellt.

Während im anschließend sich bildenden Zentralnervensystem (Rückenmark, Stammhirn und hochkonzentriertem Großhirn) sich vorbereitet, was im Stirnhirn der Bewusstseinsspiegel des sich seiner selbst inne werdenden Erden-Ichs werden wird, wird das Herz zum lebenslangen Garant der Vermittlung des irdischen mit dem kosmischen Anteil des Menschseins, den wir prophetisch geschenkt bekommen. Es gehört nicht dem Erden-Ich, dem Alltags-Ich, an und auch nicht dem eigenen Sphären-Ich, dem Nacht-Ich, sondern dem Ich, das alle Menschen miteinander verbinden kann, dem Menschheits-Ich.

Die erste Herzanlage wandert, wie wir erwähnt haben, schrittweise aus dem extraembryonalen Mesoderm in die Rumpfanlage ein, und das schon im Übergang von der 3. in die 4. Woche, weil es ja sofort für den Kreislauf des sehr viel größeren Chorions (Abb. 3) zuständig ist. Es bleibt aber nicht bei diesem zentrierten Herzen, sondern in der Ausreifung des Chorions zur Plazenta werden die periphersten Ausstülpungen des kindlichen Gewebes, eben deren millionenfache Zotten, selbst kreislaufaktiv und fördern den Rückfluss des arterialisierten Blutes über die Nabelschnur-Vene durch ihre von glatter Muskulatur durchzogenen Kapillarwände. Sie pulsieren in einem eigenen Rhythmus, der nicht der Herzschlag des Embryos und nicht der der Mutter ist, sondern seine eigene Autonomie besitzt, also ein eigenes peripheres Herz darlebt (Langen 1954). Die Abstimmung wird nicht neural (etwa über vegetative Nerven), sondern humoral (über Hormone im Blut) reguliert! Bis zur Geburt gibt es also zwei sich gegenseitig ergänzende Herzen: ein sich zunehmend zentrierendes im Embryo und ein zuerst allseitiges, dann scheibenförmig gestaltetes Herz in der Zottenperipherie des Mutterkuchens. Das letztere geht mit der Geburt verloren, und so stirbt hierbei der periphere Mensch zugunsten seines verbleibenden Erdenmenschen.

*

Erst mit der Ergänzung des zentrischen Blicks durch den peripheren Blick beginnen wir die Fülle des Menschseins zu ahnen. So geht die Aufmerksamkeit Steiners für die Welt des Kleinsten zugleich in den astronomischen Kosmos. Immer wieder forderte er auf, die Zellenlehre mit der Astronomie zu verbinden (GA 300, II: 105; GA 302a: 78 f.; GA 323: 28 ff.) und erst recht die Embryologie mit der Astronomie zusammenzusehen (GA 323: 34, 36). Er rät zum wechselseitigen Beachten der «Zentralkräfte» und «Universalkräfte» (GA 320: 35). Auch die Himmelskörper selbst werden über ihr zentrisches Dasein hinaus in ihrem Wirkungsraum verfolgt:

«Sehen Sie, wenn der Biologe heute den Embryo studiert in der Keimesentwickelung von den ersten Stadien bis später, dann studiert er den Keim in einem gewissen Stadium. Und an einer exzentrisch liegenden, also hier außen liegenden Stelle, da ist eine Verdickung des Materiellen. Da ist ein Einschluss. Da sieht man eine Art von Kern. Aber man kann und darf nicht sagen, obwohl man das ganz deutlich sieht durch das Mikroskop, man darf nicht sagen:

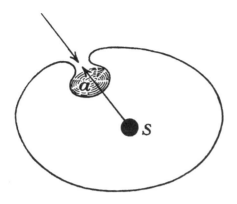

Abb. 6: Der physische Planet ist eine Abschnürung aus seiner Bewegungssphäre (aus Steiner GA 136: 142).

Das bloß ist der Keim, der Embryo –, sondern es gehört das andere eben auch dazu. Und so ist es, sehen Sie, beim Mond und auch bei den anderen Sternen. Das, was man da sieht als Mond, ist bloß eine Art von Kern, und das Ganze hier (die Sphäre der Mondumlaufbahn) gehört zum Monde dazu. Und die Erde ist im Mond dadrinnen.» (GA 243: 129 ff.)

Der Mars ist nicht nur dort, wo wir ihn physisch sehen, auch nicht nur dort, wo er potenziell seinen Umlauf in seiner Ellipsenebene hat, sondern in dem gesamten raumerfüllenden sphäroiden Ellipsoid, das er um Sonne, Merkur, Venus, Erde und Mond, sich rhythmisch nähernd und entfernend, umschreibt und aus dem er sich einst abgesondert hat (GA 136: 133, 142). Und so bei allen Planeten (s. Kaiser 1964 und ff. und Vetter 1968).

Nimmt man den peripheren Blick auch für den Fixsternhimmel ein, so erscheinen unserem Punktbewusstsein auffällig die Lichtpunkte der Sternbilder als die näheren Vordergrundsterne. Den Hintergrund aber bildet zum Beispiel das zart-diffuse Milchstraßenband, in welchem wir uns befinden. Und je weiter wir heute teleskopisch in die extrem entfernte Peripherie des Kosmos blicken können, desto mehr werden alle Lichtpunkte ersetzt durch Nebelflecken: durch die zahllosen Galaxien (galaxis = Milch) von Spiralnebeln, durch jene peripherieoffenen Gebilde gewaltigsten Ausmaßes.

Abb. 7: Spiralnebel im Sternbild Jagdhunde (aus Kühn 1957).

5. Pflanze und Pflanzen-
gesellschaft

Ebenso belohnt uns der periphere Blick auf das Pflan-
zenkleid der Landschaften. Was uns in Wiesen, Parks
und Wäldern begegnet, erscheint uns erst einmal in einzelnen Individuen. In seinem Vortrag «Der Geist im
Pflanzenreich» (GA 60) schilderte Steiner nun 1912, dass
die Einzelpflanze nur scheinbar ein Einzelwesen ist, da
sie nicht allein aus sich verständlich ist, sondern erst aus
der Landschaft, der sie angehört. Sie ist nicht ein Individuum, also wörtlich ein «Unteilbares», wie es die Mehr-
zahl der Tiere ist, können sich doch fast alle Pflanzen
aus Einzelabschnitten regenerieren, wie es jeder Gärtner
bei der Stecklingsvermehrung macht. – Sie ist gliedhafter
Anteil des Landschaftsorganismus. Wieder der periphere
Blick. Hätte man diese umgekehrte Perspektive damals
vor hundert Jahren allgemein gehabt, gäbe es heute keine
globale Ökomisere.

Wir kennen alle die Erfahrung, den eigenen gesunden
Zustand für selbstverständlich zu halten. Dabei haben
wir heute ein außerordentlich differenziertes Wissen von
den auf allen Ebenen des eigenen Organismus hochkom-
plexen Lebensabläufen, die unser tägliches Seelenvermö-
gen biologisch tragen. Doch wir denken normalerweise
nicht daran. Diese alltägliche Selbstverständlichkeit wird

jedoch gelegentlich schmerzhaft unterbrochen, wenn Krankheiten auftreten. Erst daran werden wir dafür wach und dankbar dafür, was uns vorher geschenkt worden ist. Nun erst beginnen wir für das Selbstverständliche das Bewusstsein zu entwickeln und fragen nach dem Warum und Wieso.

So löste auch erst das Waldsterben die Waldschadensforschung aus. In ihr entdeckte man, dass zumeist nicht die Schädigung des Blattraumes, der Phyllosphäre, durch die Auto- und Industrieabgase maßgeblich ist. Solche kann der Baum mehr oder weniger kompensieren. Wenn früher durch die Massenvermehrung von Maikäfern große Waldflächen kahlgefressen wurden, trieben die Wälder im nächsten Jahr wieder frisch aus. Das Waldsterben setzt dagegen voll ein, wenn die Schadstoffe in den Wurzelbereich, die Rhizosphäre, vorgedrungen sind und das dort herrschende Pilzleben beeinträchtigt oder gar zerstört haben, denn mit ihm ist das Wurzelleben fast aller Landpflanzen symbiontisch verbunden, ja oftmals verwachsen. Hier bestehen zwischen den Kräutern einer Wiese und noch mehr unter den Sträuchern und Bäumen eines Waldes viel engere Verflechtungen als oberirdisch (Knöbel 1987, Schad 1987). Zum einen gibt es viele Wurzelverwachsungen (Symphysen) jeder Einzelpflanze innerhalb des eigenen Wurzelsystems; darüber hinaus aber auch häufige Wurzelverwachsungen zwischen artgleichen Bäumen. Seltener sind solche zwischen verschiedenen Arten, Gattungen oder gar Familien, aber es gibt sie mit direktem Zell-zu-Zell-Kontakt beispielsweise zwischen Birken, Ahornen und Ulmen (Graham/

Borman 1966). Wo das nicht der Fall ist, übernehmen die unterirdischen Hyphengeflechte der Bodenpilze die Vermittlung zwischen den Wurzelspitzen und dem Boden und ebenso auch direkt zwischen den Wurzeln verschiedenster höheren Pflanzen. Ohne die passenden Bodenpilze würden – auch bei oberirdisch normalen Verhältnissen – viele davon nicht normal wachsen, sondern nur kümmern. Und die entsprechenden Pilze könnten z.B. im Herbst nicht ihre Fruchtkörper zur eigenen Sporenverbreitung über den Boden hinausschieben ohne z.B. die Förderung durch die Bäume, unter denen sie wachsen. Solch eine gemeinsame Wurzel-Pilz-Symbiose, die «Mykorrhiza», besteht bei 90 Prozent der Landpflanzen; bei den übrigen 10 Prozent sind es passende Wurzel-Bakterien-Symbiosen im ausgeschiedenen Schleim der Wurzelspitzen. Der gemeinsame Bestand einer etablierten Pflanzengesellschaft ist durch vielfach direkten zellulären Stoffaustausch untereinander tatsächlich ein funktionsfähiger, vollwertiger Organismus.

Der Gesamtbestand gestaltet den Landschaftsorganismus. Was wir oberirdisch als einzelne Pflanzenindividuen sehen, täuscht. Unterirdisch bilden sie miteinander eine enge physiologische Gemeinsamkeit. Ist ein einzelner Baum geschädigt, können ihm die Nachbarbäume von ihrem «eigenen» Stoffwechsel Nahrungsstoffe abgeben und ihm aufhelfen. Heute weiß man, dass die Ausbildung erster echter Wurzeln bei den frühesten Landpflanzen im Silur und Devon des Erdaltertums nur durch die Mykorrhizierung mithilfe des damaligen Pilzangebotes möglich gewesen war (Pirozynski/Malloch

1975). Ohne Bakterien und Pilzhyphen – für unser Auge meist nur unsichtbar im Boden – gibt es kein Leben der höheren Landpflanzen.

Wozu alle diese botanischen Besonderheiten? Sie dienen hier dazu, den peripheren Blick zu üben. Jetzt versteht man auch eine solch provokante Äußerung Steiners: Pflanzenkrankheiten gibt es gar nicht (GA 327:168). Eine Pflanze als solche ist per se immer gesund. Wenn sie kränkelt, ist zumeist der Boden krank, nicht sie selber. Man muss dann zuerst einmal die Umgebung heilen und nicht Fungizide, Herbizide, Insektizide und Molluskizide spritzen. Erst der periphere Blick – heute Ökologie genannt – hilft dauerhaft, «nachhaltig», weiter.

6. Die biologische Evolution

Wir können uns dabei voll auf den Boden der jetzigen naturwissenschaftlichen Evolutionsforschung stellen. Schon länger ist bekannt, dass in der Welt der Bakterien (Procyten = Prokaryonten) ein direkter Genaustausch auch ohne Fortpflanzung möglich ist, weil sie ihr Erbgut im Zellplasma ohne Kernmembran aufbewahren, also jene noch nicht in einen inneren Zellkern eingeschlossen haben. Erst bei den höheren Zellen (Eucyten = Eukaryonten) und Mehrzellern ist das Erbgut durch die obligatorische Kernmembran um den Zellkern umweltferner und autonomer geworden. Im ersteren Falle aber wurde damit entdeckt, dass ein vorher für durchgängig gehaltenes Prinzip der Biologie, nämlich dass alles Erbgut aller Organismen immer von den Eltern abstammt, durchbrochen ist. Es können eben mit dem Bakteriennachbarn Gene wie gegenseitige Nahrung ausgetauscht werden, ohne dass sie verdaut werden. Dieser seitliche = «*laterale* Gentransfer» – anders als der «*vertikale* Gentransfer» durch Elternzeugung – hat massive Konsequenzen für die allgemeine Biologie.

In ihr ist ein zentraler Grundbegriff die Art (= Spezies). In eine Art gehören alle Individuen, die faktisch oder potenziell ihre Gene bei der sexuellen Fortpflanzung für die Nachkommen mischen und damit austauschen können. Eine Art ist also eine potenzielle Fortpflanzungs-

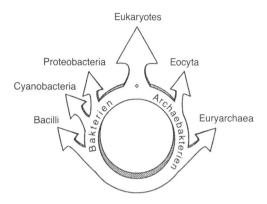

Abb. 8: *Dem Ring unbegrenzten Genaustausches unter den frühes-*
ten und noch heute primitivsten Lebewesen, den kernlosen Bak-
terien, entsprangen die sich zunehmend gegenseitig abgrenzenden
Genströme aller höheren Organismen (aus Rivera & Lake 2004).

gemeinschaft mit einem gemeinsamen »Genpool«. Das
heißt nun für alle Bakterien, die nicht nur zum vertikalen, sondern ebenfalls zum lateralen Gentransfer miteinander fähig sind, dass sie vielfach zusammen auch einen
gemeinsamen Genpool darstellen. Dann gilt bei konse-
quenter Einhaltung der Artdefinition, dass ein Großteil
der Bakterienwelt der Biosphäre der Erde *eine* Art aus-
machen. Darin ist die einst urtümliche globale Biosphäre
noch heute als ein Umweltorganismus auf dem Niveau
einer eigenen Gesamtart da. Ihre globalen Stoffwechsel-
umsätze sind größer als die aller eukaryonten Lebewesen,
also z.B. aller uns makroskopisch sichtbaren Lebewesen,
auf der Erde zusammen.

Diese periphere sphärische Lebenshaut des Erdglobus als Gesamtorganismus hat alle anderen Einzelorganismen aus sich entlassen durch die Aufrichtung der evolutiv zunehmenden Artschranken und durch den damit zunehmenden *vertikalen* Gentransfer in immer mehr getrennt laufende genealogische Verwandtschaftslinien mit zunehmender Individuation.

Nur sehen wir diesen peripheren Organismus nicht ohne mikroskopische Sehhilfen, und wir kannten seinen gemeinsamen Genpool vorher noch nicht, weil die Molekulargenetik noch nicht so weit war. Bis vor kurzem bildete dieser mütterliche Erdorganismus eine natürliche «Geheimwissenschaft», die erst gegen Ende des 20. Jahrhunderts der biologischen Forschung zugänglich wurde, nachdem sie zuvor schon von Kepler, Goethe, Carus, Steiner, Lovelock und anderen geahnt wurde.

Der laterale Gentransfer ist indessen auch für die höheren Zellen (Eucyten) der Vielzeller gefunden worden. Zum einen durch die Absicherung der schon 1883 von Andreas Schimper geäußerten Vermutung, dass die Chlorophyllkörner aller grünen Pflanzen eingewanderte *assimilierende* Bakterien (Blaualgen) sind, und durch die spätere Entdeckung 1927, dass die Mitochondrien in allen höheren Zellen einst eingewanderte *dissimilierende* Bakterien sind, die alle Zellatmung durchführen (Margulis 1981, Sitte 1987). Beide Organellen besitzen nämlich Bakterien-DNA, die weitgehend getrennt von der Kern-DNA der Pflanzen bleibt.

1970 wurde entdeckt, dass auch Außengene natürlicherweise sogar direkt in die Zellkerne höherer Zellen übernommen werden können. Es sind insbesondere Viren und Proviren, die überall im Boden, Wasser und Luftraum vorhanden sind, die aus verpackter genetischer Substanz (zumeist RNA) bestehen und sowohl in Procyten wie in Eucyten eindringen können. In letzteren können sie zu DNA desoxidiert und durch die Kernmembran in den Zellkern aufgenommen werden, wo sie an bestimmten Stellen der Chromosomenfäden eingebaut und dann durch beliebig viele Generationen als eigenes Erbgut in der weiteren Evolution mitgenommen werden können. Bis zu den Säugetieren hinauf ist solche eingebaute Umwelt-DNA bekannt geworden. Immer wieder ist nicht allein aus den elterlichen Abstammungslinien, sondern aus dem globalen Gesamtorganismus «Mutter Erde» Erbgut in der Evolution übernommen worden.

Die Umwelt – besser Mitwelt – ist nicht nur voll von unsichtbaren Einzellern, Bakterien, Viren und Proviren, sondern, besonders im Meerwasser, voll von freier DNA in jedem Kubikmillimeter der Ozeane, die wahrscheinlich aus dem Zerfall abgestorbener, ehemaliger Groß- und noch mehr Kleinorganismen (dem Meeresplankton) stammt. Sie steht als unbeschränkte Ressource für den lateralen Gentransfer aller Organismen seit eh und je zur Verfügung.

Nennen wir ein erstaunliches Beispiel: Wir haben oben schon den peripheren Blick an der peripheren Gestaltung der menschlichen Keimanlage geübt und den hohen existenziellen Wert des Chorions bemerkt, aus dem nach den ersten drei Monaten seine Umformung in den ebenso wirksamen Mutterkuchen, die Plazenta, hervorgeht.

Es ist nun bis heute ein physiologisches Problem, wieso der Keim bei seiner Einnistung in das mütterliche Gewebe des Uterus von seiner Umgebung nicht abgestoßen wird, enthält er doch zur Hälfte väterliches, also für die Mutter individualfremdes Erbgut.

Nun analysierte die Genforschung die peripherste kindliche Gewebeschicht der Chorion- bzw. Plazentazotten und fand, dass in diesem sogenannten «Syncytiotrophoblasten» – und nur hier – spezifische Gene «abgerufen», also aktiviert werden, die jene Eiweißbildung mitveranlassen, welche die immunologische Unverträglichkeit normalerweise aufheben. – Die Gensequenzanalyse ergab, dass es sich um provirale DNA handelt, die also bei dem großen makroevolutiven Schritt von den noch eierlegenden Primitivsäugern zu den höheren Säugetieren mit verinnerlichter Keimesentwicklung einst aus der Umwelt durch lateralen Gentransfer aufgenommen worden war, also nicht aus der Vorfahrenreihe vorheriger Wirbeltiere stammen konnte (Stoye, Coffin 2000). So ist zum Beispiel die Evolution der höchststehenden Tiere und damit auch des Menschen dadurch möglich gewesen, dass erneut die Genetik der Biosphäre der Erde als die Mutter aller Organismen nochmals etwas abgab, was in dem schon sehr stark immunologisch abgeschotteten, hochindividuellen weiblichen Organismus von Säugetier und Mensch die Entwicklung eines genetisch andersartigen Nachkommens durch seinen besonderen peripheren Kontakt möglich machte. Die provirale Genetik, die sowieso am ehesten geeignet ist, die Art- und Individualschranken zu

überspringen, ermöglicht die Überwindung des immu-
nologischen Unterschiedes von Mutter und Kind vor
der Geburt, wodurch erst die innerleibliche Schwangerschaft bei nun gegenseitiger Eiweißverträglichkeit
möglich geworden ist.

Die bekannten Evolutionsabläufe innerhalb genetischer
Schranken erfasste bisher der zentrische, gegenständli-
che Blick. Die aus dem Oikos zufließenden genetischen
Zugewinne entdeckte man erst durch die Erweiterung
der biochemischen Untersuchungsmöglichkeiten insbesondere der letzten Zeit. Die Evolution aus der engeren
Vorfahrenreihe geschieht meist in kleinen Schritten. Man
nennt das den Gradualismus in der Mikroevolution, und
er betrifft durchweg nur die unteren systematischen Ka-
tegorien: Aberration, Morphe, Rasse, Unterart bis zur
Kleinart. Hier herrscht vielfach die darwinsche Ausrich-
tung durch die Selektion mittels der Konkurrenz (Neo-
darwinismus).

Die Evolution durch Aufnahme von «Mitwelt-Genen»
aus der «Gesamtart» der mikrobiellen Biosphäre aber hat
wohl den Wandel in den höheren systematischen Kate-
gorien – die Großarten, Gattungen, Familien, Ordnun-
gen, Klassen etc. – möglich gemacht, wie sich heute ab-
zeichnet. Dabei spielten sich vorwiegend Symbiosen ein
(Schad 2008), sodass hierbei die Kooperation und damit
die Co-Evolution maßgeblich ist, was heute als «Symbio-
genese» bezeichnet wird (Margulis 1981). Sie machen die
großen Entwicklungsschritte, die Makroevolution, physisch möglich.

Diese Ergebnisse lenken, oftmals unerwartet, den

Blick auf den globalen Oikos der Erde. Es ist nun also auch hier aller Anlass zum peripheren Blick gegeben: Das Kleinste ist oft mit dem Größten verschwistert.

Der begeisterte Diatomeenforscher Albert Wigand (1821–1886) stellte einst als mikroskopisches Präparat einen Schriftzug aus den entzückenden Kieselschalen einzelliger Kieselalgen (Diatomeen) zusammen und ließ dann seine Marburger Studenten ins Mikroskop blicken. Sie lasen erstaunt:

IN MINIMIS DEUS MAXIMUS

Noch heute steht diese Sentenz, eingegraben über dem Eingang seines ehemaligen Institutes, im Alten Botanischen Garten im Stadtzentrum Marburgs. Zelle, Organismus, Erde und Kosmos gehören letztendlich, sich gegenseitig benötigend und beleuchtend, zusammen.

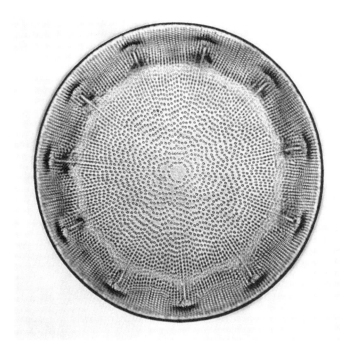

Abb. 9: Mikroskopisch kleiner Kieselpanzer der Kieselalge Aulaco-discus kittoni aus der Südsee bei Tahiti (aus Staněk 1955).

7. Die Erneuerungen in der Natur

Wenn wir mit den bisherigen Betrachtungen den Umkreisblick schon mehrfach geübt haben, schließt sich auch eine gewaltige Dimension der Geistseite in der Natur auf. Gibt es die überhaupt? Ist nicht allein der Mensch fähig, Geist zu erfahren und zu betätigen? Wir sind gewohnt, Geist und Natur voneinander zu trennen. Kennen wir doch täglich die Erfahrung, dass der eigene Leib oft nicht so pariert, wie der eigene Geist will. Immer wieder ist deshalb der Tod als eine Befreiung des Geistes vom «Kerker des Leibes» seit Platon apostrophiert worden. – Wir kennen aber auch unentwegt die Tatsache, dass wir uns eine Tätigkeit vornehmen und der Leib der Vornahme folgt. Jede gewollte Handlung ist dieses monistische Wunder, das Novalis «weiße Magie» nannte. Die Anthroposophie erweitert diesen gelebten Monismus auch über den Tod hinaus. Der periphere Blick kann sich im Geistigen auch umwenden, ja umstülpen und vom Kosmos aus auf die Erdenverhältnisse als auf seine ihm nun zugehörige «Peripherie» als ein Zentrum blicken. Doch dazu brauchen wir einige Grundlagen im voraus.

Der Leib zerfällt mit dem Tod. Aber der freiwerdende Geist des Menschen bleibt – so die unerwarteten Schilderungen Rudolf Steiners – durchaus mit dem Fortgang der Erde weiter verbunden (GA 13: 120; 99: 64; Schad 2004, 2008). Im Laufe des in jedem Erdenmenschen faktisch geistdurchdrungenen Leibeslebens hat sich dieser sein physischer Leib qualitativ zart verwandelt. Vor den ersten Waldorflehrern rührte Rudolf Steiner im 3. Vortrag der *Allgemeinen Menschenkunde* (GA 293, 23.8.1919) an das Materieproblem. Ein zentrales Ergebnis der Naturwissenschaften waren schon damals die Erhaltungssätze der Masse (A. L. Lavoisier 1785) und der Energie (J. R. Mayer 1842), damals auch «Stoff» und «Kraft» genannt. 1905 war dann von Albert Einstein mathematisch formuliert worden, dass Masse und Energie ineinander übergehen können – so in den Atomkernen –, aber nur nach dem Maßstab konstanter Mengenverhältnisse, vorgegeben durch die Konstante c^2 (Lichtgeschwindigkeit im Quadrat):

$$E = m \cdot c^2.$$

Es kann danach insgesamt nichts Neues dazukommen noch verlorengehen. Die Summe aller Massen bzw. Energien des physikalischen Kosmos ist demnach konstant.

Steiner bestätigt diese Aussage für den anorganischen Teil der Welt ebenso wie für das Pflanzen- und Tierreich. Aber wenn der Masse-Energie-Erhaltungssatz durchgängig gelten würde, dann wäre der gesamte Kosmos eine völlige Maschine, und es gäbe im Universum das Element der freien Innovation nicht. Es gibt aber echte Freiheit in den vom Menschen selbstverantworteten Entschlüssen aus eigenster moralischer Intuition.

Hier und nur hier seien die Erhaltungsgesetze der Natur durchbrochen. Denn dadurch entstünden in der menschlichen Leiblichkeit neue Stoffe und Kräfte. Sie machen noch nach dem Tode den menschlichen Leichnam zu einem Erneuerungsmittel der Erdennatur. Was von ihm in den Kreislauf der Elemente übergeht, ist ein «Sauerteig» für die Erde. Der zentrische Blick auf den Leichnam erweitert sich zum peripheren Blick auf die ganze Erde.

Unsere staatliche Rechtsordnung hat dafür keine Begriffe, aber ein sicheres Rechtsgefühl. Der menschliche Leichnam ist ein höheres Rechtsgut als ein totes Tier oder eine abgestorbene Pflanze. Er steht zwar nicht mehr unter dem Schutz des Würdeartikels des Grundgesetzes (1. Artikel), aber er hat das Recht auf eine würdige Bestattung. Sollte sein vorheriger Besitzer eine testamentarische Verfügung für eine unwürdige Entsorgung getroffen haben (z.B. Verwendung als Tierfutter), so ist jene in unserer Rechtsordnung nichtig. Die Gesellschaft schützt den Leichnam notfalls vor seinem vorherigen Besitzer. Warum eigentlich? Steiners Offenlegung macht dieses unser Rechtsgefühl verstehbar.

Während des Lebens sehen wir uns im zentrischen Bewusstsein: Hier bin ich, und dann kommt alles andere. Dieses Tages-Ich erscheint uns tagsüber aktiv und nachts ruhend, sodass wir kaum bemerken, dass wir auch im Schlaf seelisch-geistig hochaktiv sind. Gerade in ihm verarbeiten wir die Konflikte und Probleme der Tageserlebnisse und finden bekanntlich morgens die besseren Lösungen.

Das gilt noch viel mehr für den großen Bruder des

Schlafes, für das nachtodliche Leben. Alle lebenslangen Untauglichkeiten, Verworrenheiten, Verbiesterungen im eigenen Seelenleben werden nun in einem schmerzlichen Prozess weggebrannt, bis man sich von ihnen befreit hat. Die wahre Geistindividualität kann nun in ihre volle Heimat, in das «Devachan» der Geistwelt, erst eintreten, wenn der Astralleib, eben der eigene Emotionalleib der Seele, durch das Fegefeuer der Läuterung im nachtodlichen «Ort der Begierden», dem «Kama-Loka», gereinigt worden ist. Dann kann der Astralleib sich in den Sternenkosmos auflösen, aus dem er sich vorgeburtlich gebildet hat und von dem er daher seinen Namen trägt.

Dieses Reinigungsfeuer besteht in einer regelrechten Umstülpung der bisher gelebten, selbstbezogenen Subjekthaftigkeit, so dass nicht mehr die eigenen Emotionen maßgeblich sind, sondern alle Schmerzen und Freuden, die man anderen im Leben zugefügt hatte und die man nun als eigene erlebt. Die zentrische Empfindung wird zum peripheren Erleben aller anderen. Das bisher Innerseelische wird zum sozial verbindlichen Miterleben mit den Anderen.

Das vertiefte Bewusstsein des Menschseins, eben die Anthroposophie, geht mit dem peripheren Blick aber noch weiter. Die Reinigung des Astralleibes wieder hin zur Welttauglichkeit bedeutet nicht nur für den eigenen Fortgang des Verstorbenen in der geistigen Welt etwas, was das nächste eigene Erdenleben vorbereiten hilft, sondern reicht über ihn selbst weit hinaus. Diese eigene Reinigung wirkt zugleich auf die Welt aller astralisch begabten Lebewesen auf der Erde zurück und bewirkt so die Fortschritte in der weiteren Evolution der Tierwelt mit (GA 179: 45f.). So ist der Verstorbene vom Kamaloka aus an der Zukunftsgestaltung der Tiere tief existenziell aktiv mitbeteiligt.

Was die heutigen Genetiker mit zentrischem Blick und großem technischem Aufwand an der künstlichen Evolution transgener Haustiere aus bloß egoistischen Motiven (Patente mit Gewinnmaximierung) probieren, ist davon das ungeläuterte luziferische Abbild. –

Tritt der von allen drei Leibeshüllen – dem physischen, ätherischen und astralischen Leib – freigewordene Menschengeist in die Gottessphäre, das Devachan, ein, so ist er sogar befähigt und erwürdigt, nun auch an der Evolution der Pflanzenwelt mitzuschaffen. Sie verwirklicht ja die unerschöpfliche Lebensfülle auf der Erde, von der alle anderen Lebewesen miternährt und erhalten werden. Der Verstorbene lebt nicht in einer abgetrennten, nur jenseitigen Geistwelt, sondern diese ist überall; so ist sie auch mit der Erde und allem Leben auf ihr bleibend verbunden. Die Welt der Verstorbenen ist über sich selbst hinaus sogar darin tätig.

8. Peripheres in der Physik

Galileo Galilei und Isaac Newton sind die Begründer der neuzeitlichen Physik. Empirie, deren Analyse und die Mathematisierung derselben in Raum und Zeit sind die methodischen Instrumente. Der zentrische Blick ist auf die abgegrenzten Gegenstände der Welt gerichtet. Es geht um Objekte und die Objektivität ihrer Behandlung. Die Mechanik ist die Königin der klassischen Physik. Licht besteht bei Newton aus mechanisch gedachten Teilchen.

Doch Christian Huygens (1677) entdeckte die Wellennatur des Lichtes und Michael Faraday (um 1840) die Nahewirkung der physikalischen Felder von Magnetismus, Elektrizität und Gravitation, die im Raum unbegrenzt weit reichen. Das *Umfeld* der zentrischen Massen wird entdeckt – mit allen Folgen der technischen Fernwirkungen für die Telekommunikation. Dabei gilt weiterhin das Ideal des Laplaceschen Dämons:

Hätte ein Geist die Kenntnis der Orte und Geschwindigkeiten aller Atome des Weltganzen und besäße die vollständige Kenntnis aller Naturgesetze, so könnte er alles Geschehen beliebig weit zurück in der Vergangenheit und voraus in die Zukunft berechnen.

Mit dem Beginn des 20. Jahrhunderts stirbt diese Fiktion durch die aufkommende Quantenphysik an der energetischen Beobachtung von Licht, Wärme und der

Elementarteilchenwelt der Atome durch Planck, Bohr und Heisenberg sowie an der 1896 entdeckten Radioaktivität durch Becquerel. Sie lösen damit die anfassbare und vorstellbare Gegenständlichkeit der bisherigen Physik auf. Alles ist letztlich nicht mehr mit letzter Schärfe bestimmbar, sondern nur wahrscheinlich. Das physikalische Sein wird mehr zur mathematisch formulierten Potenz, als es bisher die vermeintliche dingliche Realität war. Die nur statistische Tauglichkeit des zentrischen Blickes auf gesuchte letzte Partikel (Stoff → Molekül → Atom → Elementarteilchen → Quarks etc.) wird sehr viel präziser durch den peripher geforderten Blick auf Kohärenzerscheinungen: auf die Tatsache, dass alles mit allem verschränkt zusammenhängt.

Die Tatsache, dass beim radioaktiven Zerfall die Halbwertszeit jedes Isotops eines Elementes eine Naturkonstante ist, die durch keine klassischen Faktoren beeinflussbar ist, ergibt die Frage, wieso die Halbwertszeit so konstant ist. Ein radioaktiver Atomkern zerfällt also immer nur dann, wenn im Weltgeschehen dadurch die jeweilige Halbwertszeit eingehalten werden kann. Es muss also dafür eine kohärente Abstimmung mit allen anderen Atomen des gleichen Isotops im Weltganzen geben (Heisenberg 1955).

Noch weiter gehen die Kohärenzerscheinungen von miteinander verschränkten Teilchen, welche geradezu «telepathische» Eigenschaften zeigen und erstmals von Einstein, Podolsky und Rosen 1935 als das EPR-Phänomen beschrieben wurden: Der Informationsgehalt eines Teilchens kann gleichzeitig an einem beliebig fernen Ort wieder auftreten, ohne dass klassische Feldwirkungen vorliegen. Diese «Teleportation» wird heute schon im Meter- und Kilometerbereich technisch eingesetzt und im Quantencomputer verwendet. Die Getrenntheit der Dinge besteht daher nicht mehr absolut. Alles ist mit allem in Verbindung. Das Partikelbewusstsein ist nur eine grobe Anwendung auf die Welt und wird hier durch das Umkreisbewusstsein ersetzt (Röthlein 2004: 69, 72f.; Müller 2004: 50).

Ein verblüffendes Beispiel dafür ist ein Vorschlag Einsteins, die gegenseitige Anziehung der Massen, die Gravitation, nicht den Massen zuzusprechen, sondern dem jeweils sie umgebenden Raum. Die Messergebnisse von Michelson aus dem Jahre 1881 hatten wider Erwarten ergeben, dass die Ausbreitungsgeschwindigkeit des Lichtes völlig unabhängig von der Geschwindigkeit der Lichtquelle ist. Der Raum lässt also keine schnellere Geschwindigkeit einer Massen-, Energie- und Informationsübertragung zu. Das beinhaltet gegenüber der Raumauffassung der klassischen Physik im Sinne Newtons und Kants: Der Raum ist nicht ein bloßes geometrisches Gefäß, in welchem sich Beliebiges abspielen kann, sondern selbst von physikalisch relevanter Natur. Dann war auch für Einstein, anders als für Newton, denkbar: Die Anziehung von materiellen Körpern untereinander braucht nicht von ihrer korpuskularen Struktur auszugehen, sondern kann auch vom physikalisch wirksamen Raum aus erfolgen. Dann ist Gravitation das Vermögen, dass der masseleere Raum die vorhandenen Massen aus sich herausschiebt, wodurch diese sich – nun vom umgebenden Raum bewirkt – einander nähern oder gar zusammentreffen. Gravitation ist dann nicht die gegenseitige Anziehung der Massen, sondern ihre weitere Verdrängung aus dem schon massefreien Raum.

Uns fällt es im zentrischen Blick natürlich leichter, sich vorzustellen, dass die Wirkung von den Körpern ausgeht, weil wir gehirngebunden und damit zentrisch vorstellen. Die umgekehrte Anschauung, die Wirkung in die Physikalität des Raumes zu verlegen, ist aber mindestens gleichwertig, da sich an den Fakten gar nichts ändert. Der Perspektivenwechsel hin zur Kompetenz der Peripherie ist – obgleich völlig gegensätzlich – ebenso möglich und stärkt die Multiperspektivität.

9. Der Cerebrozentrismus und Steiners Nervenverständnis

Wir können nun auch versuchen, ein als besonders schwierig angesehenes Gebiet des menschlichen Selbstverständnisses mit dem peripheren Blick aufzuschließen: das Verhältnis des Ich zu seinem Leib und die Rolle des Nervensystems dabei. Die Anschauungen darüber haben sich im Laufe der europäischen Geistesgeschichte auffällig verändert.

David betete um 1.000 v. Chr. im 26. Psalm: «Herr, prüfe meine Nieren, wie ich's meine.» In die Organe des Bauchraumes verlegte er die Tiefenpsyche des Gewissens. Die Griechen nannten die Milz *splēn*, was noch heute im Englischen und Deutschen eine ausgefallene, besondere Geisteseigenschaft, den *Spleen,* bedeutet. Bei Homer (um 800 v. Chr.) ist das Zwerchfell = *Phrēn* ein Ort der Besinnung. So fragt Achilleus: «Odysseus, was sinnst du in deinem zottigen Zwerchfell?» Noch im klassischen Griechenland ist *Phrēn* zugleich: Seele, Geist, Bewusstsein, Besinnung, Verstand, Überlegung, Einsicht. – Im Schöpfungsbericht von Moses zieht die Seele mit dem Atem in die Lunge Adams ein. Bei Hippokrates (um 400 v. Chr.) ist es die aus der Lunge in die Hohlvenen aufgenommene vermutete Luft = *pneuma,* was zugleich Geist bedeutet. Bei Aristoteles (um 350

v. Chr.) ist das Herz der Sitz der Seele. Der römische Arzt Galenus (um 180 v. Chr.) schlug dafür die lympherfüllten Gehirnventrikel vor. Mit diesen Angeboten lebte das Mittelalter.

Descartes (1649) stieß sich an der Paarigkeit der Hirnventrikel, erlebt sich das Ich doch einfach. So sah er in der unpaaren Zirbeldrüse (Epiphyse) zwischen beiden Großhirnhälften den Sitz der Seele. 1809 konnten Gall und Spurzheim die Rinde der Großhirnwindungen als Träger des Bewusstseins ausfindig machen. An Ausfallerscheinungen bei Hirnverletzten konnte im Ersten Weltkrieg das Stirnhirn als Voraussetzung des Ichbewusstseins lokalisiert werden. Hierin sitzt natürlich nicht das Ich, sondern es ist das Spiegelorgan für die Vorstellung von sich selbst. Und Vorstellungen sind bekanntlich nur Abbildungen und Spiegelbilder, nicht das Gespiegelte selber.

Der historische Überblick über die Lokalisationstheoreme führt zu dem überraschenden Ergebnis, dass die Verbindung von Leib und Geist im Menschen zuerst in den unbewussten Organen der Bauchhöhle, dann in den halbbewussten träumenden Organen des Brustraumes und dann erst in dem voll das Alltagsbewusstsein vermittelnden Gehirn des Kopfes lokalisiert wurde. So haben wir heute zumeist den Eindruck, selbst im eigenen Gehirn zu sitzen, dem die Sinne die Eindrücke von außen geben und von wo aus wir unsere Tathandlungen wieder nach außen in Bewegung setzen. Irgendwo in meinem Gehirn bin ich, und da draußen ist alles andere, genannt die Welt.» Ich bin mein Gehirn» (Metzinger 2003). Bei

Roth (2001) sollen die Mandelkerne (Amygdala) in der vorderen Hirnbasis sogar das Zentrum der Seele sein. Kornhuber und Deecke (2007: 64/65) bringen die Gegenargumente. Trotzdem bleibt es beim psycho-physischen Cerebrozentrismus.

Also muss es zwei Verbindungsrichtungen zur Peripherie geben, und sie sieht man in den Nerven. In der späten Goethezeit werden die polaren Leitungsrichtungen im Nervensystem entdeckt. Zuerst von dem Schotten Charles Bell (1774–1842), der darüber 1811 und 1832 veröffentlicht, dann von dem Franzosen François Magendie (1783–1855), der davon 1822 sowie 1837 berichtet (s. Buchanan 1992). Johannes Müller (1801–1858), der bedeutendste deutsche Physiologe der ersten Hälfte des 19. Jahrhunderts, bestätigt experimentell ebenfalls die damit aufgestellte Duplizitätstheorie des Nervensystems.

Die Subjekt-Objekt-Trennung von Descartes wird hiermit somatisch festgemacht: Das Subjekt sitzt im größten Nervenknoten, dem Gehirn, und kommuniziert in seiner Schädelhöhle mit einer ungewissen Welt. Der Cerebrozentrismus ist naturwissenschaftlich etabliert.

Gegen diese Interpretation des Leib-Seele-Verhältnisses legte Steiner ab 1917 massiven Protest ein. Dann wäre ja der Mensch nur ein weltfremdes Isolat, nur ein Eckensteher einer letztlich unbekannten Welt. Das hieße, der Mensch ist weltuntauglich und damit weltgefährlich. Der Mensch als Gefährdung der Welt ist aber nur die Folge dieser Anschauung. Steiners Frage ist deshalb: Wie sähe denn die Interpretation des Nervensystems aus, wenn das Ich nicht Leibinhalt, sondern selbst Weltinhalt ist? Nimmt man diesen seinen Entwurf auf dem philosophischen Bologna-Kongress von 1911 ernst, dann gibt es den Mitmenschen und die Mitwelt doch und soziales und welttaugliches Handeln wäre mit vollem Selbstverständnis möglich (siehe Schad 1992).

Bald greifen die ersten anthroposophischen Ärzte und Naturwissenschaftler die Hinweise Steiners dazu auf und versuchen sie zu verifizieren – so erst Friedrich Husemann (1887–1959) und Hermann Poppelbaum (1891–1979), dann Gerhard Kienle (1923–1983) sowie die Universitätsprofessoren Herbert Hensel (1920–1983) und Johannes Rohen (*1921). Kienle hatte 1950 aus der damaligen medizinischen Forschung eine Übersicht über alle relevante Literatur zum Nervenproblem zusammengetragen, Rohen 1971 ein Lehrbuch zur Funktionellen Anatomie des Nervensystems geschrieben. Beide kamen später im Alter zu dem Ergebnis, dass Steiners Konzeption, motorische Nerven gäbe es gar nicht – auch sie seien sensitiv –, nicht einlösbar sei. Hensel ging einen anderen Weg, nämlich zu den Quellen. Er bat seinen damaligen Assistenten, Hans Jürgen Scheurle, erst einmal alle Äußerungen Steiners zum Nervenproblem aus dessen Gesamtwerk aufzunehmen. Die Zusammenstellung wurde 1979 veröffentlicht. Dabei stellte sich heraus, dass Steiner keineswegs die dualen Leitungsrichtungen im Nervensystem infrage stellte, sondern voll würdigte:

«Wir haben zunächst den menschlichen Organismus. Wir verfolgen die zentripetalen und die zentrifugalen, die sogenannten sensitiven und motorischen

Nerven. Ja, dieser Tatbestand ergibt sich. Ich kann diese Gründe voll würdigen, kann auch würdigen, wie man die Zwiefachheit des Nervensystems stützt durch die Tabes dorsalis und so weiter.» (GA 319: 83)

Die diametralen Leitungsrichtungen der Afferenz (hin zum Zentrum) und der Efferenz (heraus aus dem Zentrum) ist gar nicht das Problem Steiners. Es wäre ja auch weltfremd von ihm, messbare Beobachtungsergebnisse zu ignorieren. Er beanstandet vielmehr, wo denn die seelisch-geistige Instanz des menschlichen Ich – bzw. des tierischen Subjektes – dabei vorgestellt wird. Ist es Leibinhalt oder weltverwachsen? Die anthroposophisch notwendige Selbstaufklärung des Ich erbringt die schmerzliche Desillusion, im Alltagsbewusstsein nur ein reduziertes Abbild des wahren eigenen Ichs zu sein. Schmerzlich, weil das zentrische Ego zumeist viel mehr von sich hält, als es als wahres Ich sein kann, nämlich nur mehr ein Keim. Dieser weiß, dass er sich der Welt verdankt und dass dieser Dank es erst sozialfähig und welttauglich macht, ja letztlich leibfrei weltverwachsen ist. Wir bemerken uns damit als ein Doppelwesen: zum einen der eigene idealische Mensch, der im Hier schon immer mehr zu sein sucht, als er kann; zum anderen das primär egozentrische Alltagsbewusstsein: Erst komme ich, dann alles andere. Diese im biblischen Bericht als Sündenfall gekennzeichnete Absonderung von der Welt gibt dem Menschen konstitutionell die emanzipatorische Befreiung von der Einbindung in die Welt, aber eben damit auch die Weltentfremdung. Dieses übliche Alltagsbewusstsein ist aber bei schonungsloser Selbstwahrnehmung doch nur ein Rollenspiel, nur ein zentrisch gewordenes, nur ein mit dem Gehirn sterbliches Abbild des eigenen wahren Ewigkeitswesens. Dieser Dualismus des Ich ist eine anthropologisch-anthroposophische Konstante des Menschseins. Das eine ist die Gabe der Schöpfermächte des Menschen. Das andere ist die Gabe des Geistes, der sich von den Schöpfermächten eigenmächtig getrennt hat und in seiner eigenen Egozentrik dem Menschen die egozentrische Illusion seiner selbst eingeimpft hat: der Bringer des Lichtes des eigenbezogenen Selbstbewusstseins, der Lichtbringer Luzi-fer. Jeder Mensch hat beides.

Mit dem dualen Nervensystem des Menschen ist diese seine doppelte Ich-Natur in seine Leiblichkeit eingeprägt: **Mit dem zentrischen, gehirnvermittelten Bewusstsein empfängt das eigene zentrische Ich über die afferenten (sensiblen) Nerven die gefilterten Informationen unserer Sinnesperipherie. Das weltinhaltliche periphere Ich hingegen nimmt über die ihm vom leiblichen Zentrum zuleitenden efferenten (sogenannten «motorischen») Nerven vorwiegend unbewusst wahr, ob und wie die Nervenzentren und weitere Organisationszentren im Leibe beschaffen sind, denn von ihnen gehen sie zur Peripherie des Leibes mit seinen welttätigen Organen, wie es die Muskeln sind. Die sogenannten «motorischen» Nerven sind dann die sensitiven Nerven für die Wahrnehmungen des höheren, sphärischen Ich von seinen Leibeszentren.** Erst der periphere Blick auf die übersinnliche Konstitution des Menschen (und der ihm nahestehenden Tiere) bemerkt, dass die Efferenzen die Afferenzen zum Umkreis-Ich (beim Tier das transzendente Gruppen-Ich) sind. Darin liegt die Lösung. Der mikrokosmische Erdenmensch interessiert sich für den makrokosmischen Umkreis «Welt», der makrokosmische Mensch interessiert sich für das Wunder des mikrokosmischen Leibes.

Es wird dabei zugleich deutlich, dass diese Lösung nur demjenigen zugänglich ist, der über die normale Begrenztheit seines luziferisch geprägten zentrischen Eigenbewusstseins hinaus auf sein wahres, noch keimhaftes Wesen blicken kann. Nun versteht man sofort die sonst so kryptischen Worte Steiners, die sich an den oben zitierten Text anschließen:

«Aber wenn man die höheren Wesensglieder kennt, dann werden einem die Nerven etwas Einheitliches, man schaut die Einheitlichkeit des Nervensystems. Die sensitiven sind darauf veranlagt, Sinneseindrücke zu vermitteln, die motorischen haben mit dem Willen nichts zu tun, sondern sie haben die Aufgabe, die Empfindungen, die in der Peripherie sind, zu vermitteln, die chemisch-physiologischen Vorgänge in den Beinen und so weiter. Die motorischen Nerven sind sensitiv für die inneren Vorgänge des Organismus ...»

Ein naheliegender Einwand ist die Rückfrage, wieso dann die meisten Tiere ebenfalls die dual leitenden Nervensysteme haben, wo sie doch kein individuelles Ich, geschweige denn ein sich selbst reflektierendes Ichbewusstsein haben. Hierzu bietet die anthroposophische Beschreibung ihrer übersinnlichen Gestaltung ebenfalls das hilfreiche Verständnis. Zum einen werden sie – nicht individuell – aber gruppenhaft von ihrem jeweiligen Art-Ich hoch weisheitsvoll geistig geleitet, weshalb sie auch ohne die unabdingbar bewusste Gesundheitsführung des einzelnen Menschen gesund bleiben können. Sie werden durch ihre höheren Iche konstituiert, es fehlt ihnen aber ein selbstbewusstes Tages-Ich.

Zum anderen haben sie bei näherem Zusehen wie der Mensch ebenfalls eine duale Doppelnatur des Astralleibes, polarisiert in das diesseitige, biologisch gebundene, emotionale Seelenleben und eine hohe, transzendente, geradezu kosmisch geordnete Seite des Seelenlebens, die im Tiefschlaf wirksam ist und die erst den Namen Astralleib = Sternenleib rechtfertigt. Für den Menschen findet sich eine differenzierende Beschreibung beider Seiten in GA 17: 37-41.

*

Es ist der Irrtum fast aller Bearbeiter des Steinerschen Nervenproblems gewesen, naturwissenschaftlich in der Nervenphysiologie eine umgekehrte Richtung des Informationsflusses in den nach außen führenden efferenten Fasern doch auch afferente Funktionen zum Zentrum leitend zu finden. Jahrzehnte an unnützer Diskussion sind damit zugebracht worden, weil man von seinem akademischen Tages-Ich ausging und dafür eine leibliche Lösung vermutete. Es war der Schweizer Maler Karl Ballmer, der schon 1953 die übersinnliche Lösung sah. Er schrieb aber in einer solch aggressiven Weise an die Gegenfront, dass er die allgemeine Akzeptanz dieses seines im Kern kongenialen Verständnisses des Steinerschen Anliegens selbst verhinderte.

Kurz sei noch der weitere Verlauf der Nervendiskussion nachgezeichnet. 1992 gab der Autor einen Sammelband mit Beiträgen von damals acht weiteren Autoren heraus, dazu einen zweiten Band mit dem Abdruck aller Äußerungen Steiners dazu und der wichtigsten sich direkt anschließenden Sekundärliteratur (Schad 1992). Es war das erklärte Anliegen, den Stand der damaligen sehr heterogenen Lösungsvorschläge sichtbar zu machen. Der Leser konnte nun selbst bemerken, wie weit in den verschiedenen Angeboten die Doppelnatur innerhalb der Geistfähigkeit, im Ich, als auch in der Seelenfähigkeit, im Astralleib, die Grundlage für das Verständnis der Duplizität aller Nervenfunktionskreise einbezogen worden ist.

Im letzten Jahr ist das Thema von Axel Ziemke, Peter Wyssling und Matthias Kux wieder ins Gespräch gebracht worden. Ziemke geht vom landläufigen Lehrgut der Anatomie und Physiologie, Wyssling ganz vom intuitiven Ansatz Karl Ballmers aus, während Kux neueste klinische Erfahrungen einbringt, die die primäre Kompetenz der übenden Peripherie hervorheben. Ersterer versucht das Steinersche Angebot allein von der leiblichen Nervenphysiologie zu beurteilen, was primär nicht ansteht und für Steiners damit verbundenes soziale

Anliegen gar nicht seine Frage ist. Die Frage bleibt: ‹Von welcher Seite des eigenen Ich aus wird zum Verständnis des Steinerschen Ansatzes ausgegangen?› Ohne kritische Selbstanalyse keine Anthroposophie. Ohne den peripheren Blick auf das eigene, zentrische Ego ist ja nicht einmal Steiners Fragestellung zu begreifen. Erst mit dem peripheren Blick, das wahre Ich als leibfrei zu bemerken, ist die Anthroposophie und der ihr entgegengesetzte Cerebrozentrismus jeweils zu beurteilen. Von da aus werden auch die neueren Erfahrungen in der Nervenrehabilitation voll verständlich. Sie geht keineswegs vom Gehirn als dem anscheinend maßgeblichen Impulsgenerator aus, sondern von den Therapien, die von der übenden Peripherie die Nervenverknüpfungen und das Gehirn umformen – erst funktionell und dann auch organologisch (Kux 2013). Im Wechselspiel zwischen den Nervenzentren und der Körperperipherie kommt der letzteren die größere Kompetenz zu. Näheres dazu bringt die Neuauflage des Sammelbandes von 1992 unter dem Titel *Die Doppelnatur des Ich* (Schad 2014).

10. Sozialismus und Kapitalismus

Der Descartessche Zweifel hat die Menschen notwendigerweise von überlebten Weltsichten befreit. Mit dieser Selbstbefreiung hat er aber zugleich auch die akademische Weltentfremdung eingeläutet. Millionen von Menschen sind inzwischen mit Kant, Schopenhauer, Lorenz, Vollmer und Popper davon überzeugt, zur Welt keinen realistischen Bezug mehr zu haben. Ein solcher wird als «naiver Realismus» oder als bloße «Lebensweltlichkeit» abgetan und dabei die eigene unvollständige Aufklärung nicht bemerkt.

Die Weltentfremdung gilt zwar immer für das Vorstellungsleben, denn es lebt nur in Abbildern der Welt, im Schein (Schopenhauer 1819, Steiner GA 293, 22.8.1919), und hinkt so immer hinter der realitätsbezogenen Wahrnehmung her. Aber jeder produktive Mensch begegnet mit fruchtbaren Denkintuitionen, seinen lebensvollen «Wahr»-nehmungen und insbesondere mit seinen willentlichen Handlungserfahrungen sehr wohl dem Weltgeschehen, ja kann sich als mitten darin erfahren, was man schon immer «Interesse» = «mitten darinnen sein» genannt hat. Das aber heißt zu entdecken, dass das psychische Subjekt gerade nicht im Gehirn sitzt, sondern selbstvergessen im aktiven Interesse weltverwachsen ist, was die efferenten Nerven des eigenen Leibes vom zentrischen Ich her gesehen zu den Afferenzen hin zum weltinhaltlichen Ich macht.

Und zur Welt gehört der Mitmensch. Gibt es ihn jedoch etwa auch nur hypothetisch, dann wäre ja alle Liebesmüh, alle soziale Zuwendung vergeblich, weil man es nur mit Phantomen zu tun hätte. Das war die Prophezeiung Steiners, und sie ist im 20. Jahrhundert mit seinen rücksichtslosen biologistischen Totalitarismen weitläufig in Erfüllung gegangen. Sie setzen sich weiterhin fort, wo die Unersetzlichkeit jedes einzelnen Menschen gar nicht mehr *wahrgenommen* wird. Nur von daher ist verständlich, warum Steiner beim Nervenproblem so polemisch geworden ist. Was sollten die verdutzten Lehrerinnen und Lehrer der Kantone Basel-Stadt und Basel-Land, die ihn 1920 zu einem pädagogischen Kurs über Waldorfpädagogik eingeladen hatten, mit solchen anatomischphysiologischen Feinheiten anfangen? Steiner wollte an eine der Wurzeln der Asozialität und grub sie eben aus:

«Ich bin überzeugt davon, dass die falsche Hypothese von den sensitiven und motorischen Nerven, die in die Wissenschaft als der Knecht des Materialismus eingezogen sind, weit mehr, als man meint, schon die Denkweise der Menschen ergriffen hat und in der nächsten oder in der zweitnächsten Generation Gesinnung wird. Ja, ich bin überzeugt, dass diese materialistische Nervenlehre schon Gesinnung geworden ist in der Menschheit und dass wir eigentlich heute das, was wir in der Physiologie oder in der Psycholo-

gie so als Theorie hersagen, schon in unseren Gesinnungen haben und dass diese Gesinnungen eigentlich
die Menschen trennen. Wenn man das Gefühl hat –
und die Leute haben heute schon das Gefühl –, dass
eigentlich der andere Mensch uns nur gegenübersteht
so, dass wir selber auf ihn einen Sinneseindruck machen, er auf uns, dass er da, abgeschlossen von uns, in
sich hat sein Gefühlsleben, das erst durch die Nerven
vermittelt werden soll, dann richten wir eine Schei-
dewand zwischen Mensch und Mensch auf. ...

Sehen Sie, wir würden ja wirklich geistig-seelisch
als Menschen sehr voneinander getrennt sein, wenn
wir geistig-seelisch so einander gegenüberstünden,
dass wir eigentlich alles Fühlen und Wollen durch
unsere Nerven in unserem Innern entwickelten und
der ganze Mensch in seiner Haut abgeschlossen gedacht werden müsste. Da wird das Seelische sehr iso-
liert. Und ich möchte sagen: So fühlen sich heute die
Menschen, und ein getreues Abbild dieses Fühlens
ist der antisozial und antisozialer werdende Zustand
Europas.» (GA 301, 21.4.1920)

In Deutschland war kurz vorher mit dem Ende des 1.
Weltkrieges, der 15 Millionen Tote gefordert hatte, ein
gewaltiger gesellschaftlicher Zusammenbruch erfolgt.
Das 1871 von Bismarck gegründete zweite deutsche Kai-
serreich war am Ende, die Vorzugsstellung der Adels-
schicht zerbrochen, die Kirchen, die noch die Waffen
gesegnet hatten, waren vielfach unglaubwürdig geworden, das Wirtschaftsleben lag am Boden, der Staat war

ein Chaos. Eine allgemeine Orientierungslosigkeit brach aus. In dieses gesellschaftliche Vakuum drangen die extremen rechten und linken politischen Strömungen ein und lieferten sich in ihren beiderseitigen Machtansprüchen massive Auseinandersetzungen während des nahezu ganzen 20. Jahrhunderts.

Schon am 12. Dezember 1918 hielt Steiner in der neutralen Schweiz in Bern einen selten langen Vortrag zur politischen, europäischen und menschheitlichen Lage, in welchem er mit schonungsloser Analyse die unfähigen Parteiungen aufdeckte. Besonders wandte er sich gegen den moralischen Anspruch des Sozialismus, dadurch die Humanität zu retten, dass man den Egoismus der Menschen bekämpfen müsse. Der Sozialismus trat ja damit anstelle der klerikalen Kirchen als eine Art säkularisierter Kirchenersatz für die atheistisch gewordenen proletarischen Massen auf, ohne überhaupt zu bemerken, dass die fast zweitausend Jahre währenden Versuche der ersteren, den Menschen den Individualismus auszutreiben, zum Gegenteil – zu immer größerer Verstärkung des selbstbezogenen Ich in den Menschen – geführt hatte. So heißt jener Vortrag in Bern (GA 186, 12.12.1918): «Soziale und antisoziale Triebe im Menschen».

Steiners nüchterne Beobachtung ist, dass *beide* Triebe, Soziales und Antisoziales, in der Natur jedes Menschen liegen und dass daran – ob es einem gefällt oder nicht – gar nicht herumzurechten ist, sondern als eine durchgängige anthropologische Konstante anzuerkennen ist. Alles andere sind Illusionen über die Menschennatur. Und die Sozialisten, die den Menschen den Egoismus wegkonditionieren wollen, ebenso wie die Kapitalisten, die im Egoismus den treibenden Motor der Gesellschaft sehen und die Tugenden der Selbstlosigkeit für überlebt halten, unterliegen gleicherweise dieser Blindheit. Sie kennen die selbstverständliche Doppelnatur des Menschen nicht. Dazu seien die nun schon klassischen Formulierungen in Steiners eigener Sprache hier erneut abgedruckt:

«Wenn nun so etwas geltend gemacht wird: Es gibt soziale Triebe, sie wollen sich verwirklichen – da setzt gerade in unserem Zeitalter gleich wiederum die furchtbare Einseitigkeit ein, die nicht beklagt werden soll, die ruhig angeschaut werden soll, weil sie überwunden werden muss. Der Mensch in unserer Zeit ist so sehr geneigt, alle Dinge einseitig zu betrachten! Das ist immer so, als wenn man nur gelten lassen wollte den Ausschlag eines Pendels nach der einen Seite und niemals bedenken würde, dass das Pendel ja vom Mittelpunkt nach der einen Seite gar nicht ausschlagen kann, ohne dass es auch nach der anderen Seite ausschlägt. Ebensowenig wie ein Pendel nur nach der einen Seite ausschlagen kann, ebensowenig können sich äußern im Menschen die sozialen Triebe nur nach der einen Seite. Den sozialen Trieben stehen in der Menschennatur einfach selbstverständlich, wegen dieser Menschennatur, die antisozialen Triebe gegenüber. Und genau ebenso, wie in der Menschennatur es soziale Triebe gibt, gibt es antisoziale Triebe. Das muss vor allen Dingen berücksichtigt werden. Denn die sozialen Führer und Agitatoren, die geben sich der großen Illusion hin, dass sie nur irgendwelche Anschauungen und dergleichen zu verbreiten brauchen oder irgendeine Menschenklasse aufzurufen brauchen, welche willig oder geneigt ist, die sozialen Triebe, wenn es Anschauungen sind, zu pflegen. Ja, das ist eben eine Illusion, so zu verfahren, denn da rechnet man nicht damit, dass, ebenso wie die sozialen Triebe da sind, sich die antisozialen Triebe immer geltend machen. Das, worum es sich heute handelt, ist, diesen Dingen ohne Illusionen ins Gesicht sehen zu können.»

Und nun folgt eine tiefenpsychologische Analyse:

«Man kann ihnen nur ohne Illusionen ins Gesicht sehen vom Gesichtspunkte einer geisteswissenschaftlichen Betrachtung. Man möchte sagen: Die Menschen verschlafen das Allerwichtigste im Leben, wenn sie dieses Leben nicht vom Gesichtspunkte der geisteswissenschaftlichen Betrachtung ins Auge fassen.

Wir müssen uns fragen: Wie steht es eigentlich mit dem Verkehr des Menschen zum Menschen mit Bezug auf die sozialen und antisozialen Triebe? – Sehen Sie, ein Gegenüberstehen von Mensch und Mensch ist seiner Wirklichkeit nach im Grunde etwas recht Kompliziertes! Wir müssen natürlich den Fall, ich möchte sagen, radikal ins Auge fassen. Wohl ist das Gegenüberstehen ein verschiedenes, differenziert sich nach den verschiedenen Verhältnissen, aber wir müssen das gemeinsame Merkmal im Gegenüberstehen eines Menschen zum anderen Menschen ins

Auge fassen, müssen uns fragen: Was geschieht da eigentlich in der Gesamtwirklichkeit – nicht bloß in dem, was den äußeren Sinnesanschauungen sich darbietet –, was geschieht in der Gesamtwirklichkeit, wenn ein Mensch dem anderen gegenübersteht? – Da geschieht nichts Geringeres, als dass eine gewisse Kraft wirkt von Mensch zu Mensch hinüber. Das Gegenüberstehen von Mensch zu Mensch bedeutet einfach, dass eine gewisse Kraft wirkt von Mensch zu Mensch. Wir können bei dem, was wir tun von Mensch zu Mensch, nicht gleichgültig einander im Leben gegenüberstehen, nicht einmal in bloßen Gedanken und Empfindungen, sogar wenn wir dem Raume nach entfernt voneinander sind. Wenn wir irgendwie zu sorgen haben für den anderen Menschen, wenn wir irgendeine Verkehrsmöglichkeit zu schaffen haben, so wirkt eine Kraft von dem einen Menschen zu dem anderen hinüber. Das ist ja dasjenige, was dem sozialen Leben zugrunde liegt. Das ist dasjenige, was, wenn es sich verzweigt, verstrickt, eigentlich die soziale Struktur der Menschen begründet. Man bekommt natürlich das Phänomen am reinsten, wenn man an den unmittelbaren Verkehr von Mensch zu Mensch denkt: da besteht das Bestreben, durch den Eindruck, den der eine Mensch auf den anderen macht, dass der Mensch eingeschläfert wird. (…) Daher entwickelt sich im Verkehr von Mensch zu Mensch die Tendenz, dass der eine Mensch den anderen behufs Herstellung eines sozialen Verhältnisses einschläfert. Das ist eine Tatsache, die frappierend ist, die sich aber dem Betrachter der Wirklichkeit des Lebens eben sogleich darbietet. Unser Verkehr von Mensch zu Mensch besteht darinnen, dass vor allen Dingen unser Vorstellungsvermögen in diesem Verkehre eingeschläfert wird, behufs der Herstellung der sozialen Triebe von Mensch zu Mensch.

Aber Sie können natürlich nicht fortwährend schlafend im Leben herumgehen. Die Tendenz, soziale Triebe herzustellen, besteht schon darinnen und drückt sich darinnen aus, dass Sie eigentlich fortwährend Neigung haben sollten zum Schlafen. Die Dinge, die ich bespreche, gehen natürlich alle unterbewusst vor sich, aber sie gehen nicht weniger wirklich und nicht weniger unser Leben durchsetzend fortwährend vor sich. Also es besteht gerade zur Herstellung der sozialen Menschheitsstruktur eine fortwährende Neigung, einzuschlafen.

Dagegen wirkt noch etwas anderes. Es wirkt das fortwährende Sichsträuben, das fortwährende Aufbäumen der Menschen gegen diese Tendenz, wenn sie eben nicht schlafen. So dass Sie, wenn Sie einem Menschen gegenüberstehen, immer in folgenden Konflikten drinnen stehen: Dadurch, dass Sie ihm gegenüberstehen, entwickelt sich in Ihnen immer die Tendenz, zu schlafen, das Verhältnis im Schlafe zu ihm zu erleben; dadurch, dass Sie nicht aufgehen dürfen im Schlafen, dass Sie nicht versinken dürfen im Schlafen, regt sich in Ihnen die Gegenkraft, sich wachzuhalten. Das spielt sich immer ab im Verkehr von Mensch zu Mensch: Tendenz zum Einschlafen, Tendenz, sich wachzuhalten. Tendenz, sich wachzuhalten, ist aber antisozial in diesem Fall, Behauptung der eigenen Individualität, der eigenen Persönlichkeit gegenüber der sozialen Struktur in der Gesellschaft. Einfach indem wir Mensch unter Menschen sind, pendelt unser inneres Seelenleben zwischen Sozialem und Antisozialem hin und her. Und dasjenige, was so als diese zwei Triebe in uns lebt, was zu beobachten ist zwischen Mensch und Mensch, wenn man Mensch und Mensch einander gegenüberstehen sieht und sie (…) beobachtet, das beherrscht unser Leben. Wenn wir Einrichtungen treffen – und entfernen sich diese Einrichtungen noch so sehr für das heutige sehr gescheite Bewusstsein von der Wirklichkeit – sie sind doch ein Ausdruck dieses Pendelverhältnisses zwischen sozialen und antisozialen Trieben. (…)

Sehen Sie, an diese Dinge müsste heute derjenigen verständig anknüpfen, real wissenschaftlich anknüpfen, der daran denkt, die Heilmittel in dieser Zeit zu finden. Denn woher kommt es denn, dass in unserer Zeit die soziale Forderung sich erhebt? Nun, wir leben im Zeitalter der Bewusstseinsseele, wo der Mensch auf sich selbst sich stellen muss. Worauf ist er da angewiesen? Er ist darauf angewiesen, um seine Aufgabe, seine Mission in unserem fünften nachatlantischen Zeitraum zu erreichen, sich zu behaupten, sich nicht einschläfern zu lassen. Er ist gerade für seine Stellung in der Zeit angewiesen, die antisozialen Triebe zu entwickeln. Und es würde nicht die

Aufgabe unseres Zeitraums vom Menschen erreicht werden können, wenn nicht gerade die antisozialen Triebe, durch die der Mensch sich auf die Spitze seiner eigenen Persönlichkeit stellt, immer mächtiger und mächtiger werden. Die Menschheit hat heute noch gar keine Ahnung davon, wie mächtig immerwährend bis ins dritte Jahrtausend hinein die antisozialen Triebe sich entwickeln müssen. Gerade damit der Mensch sich richtig auswächst, müssen die antisozialen Triebe sich entwickeln.

In früheren Zeitaltern war die Entwickelung der antisozialen Triebe nicht das geistige Lebensbrot der Menschheitsentwickelung. Daher brauchte man ihnen kein Gegengewicht zu setzen und setzte ihnen auch kein solches. In unserer Zeit, wo der Mensch um seiner selbst willen, um seines einzelnen Selbstes willen die antisozialen Triebe ausbilden muss – die sich schon ausbilden, weil der Mensch eben der Entwickelung unterworfen ist, gegen die sich nichts machen lässt –, da muss dasjenige kommen, was der Mensch den antisozialen Trieben nun entgegensetzt: eine solche soziale Struktur, durch die das Gleichgewicht dieser Entwickelungstendenzen gehalten wird. Innen müssen die antisozialen Triebe wirken, damit der Mensch die Höhe seiner Entwickelung erreicht, außen im gesellschaftlichen Leben muss, damit der Mensch nicht den Menschen verliert im Zusammenhange des Lebens, die soziale Struktur wirken. Daher die soziale Forderung in unserer Zeit. Die soziale Forderung in unserer Zeit ist gewissermaßen nichts anderes als das notwendige Gegengewicht gegen die innere Entwickelungstendenz der Menschheit.»

In diesen letzten Sätzen ist die Lösung der sozialen Frage ausgesprochen. Der Drang jedes modernen Menschen, seine Persönlichkeit auszubilden und über sich selbst ganz individuell verfügen zu können, wird nicht abgelehnt, sondern dem wird als eine sich auch weiterhin steigernde Tatsache ruhig ins Auge geschaut. Aber die damit verbundene Gefahr der Zersplitterung der Gemeinschaften in sich einigelnde Individualisten wird dadurch ausgeglichen, dass man angesichts dieser historisch gewachsenen Tatsache *zwischen* den Menschen für soziale Verhältnisse sorgt. Nach innen wird das Antisoziale zunehmen, außen zwischen den Menschen sollte die Notwendigkeit gesehen werden, soziale Institutionen zu schaffen, die den gesellschaftlichen Ausgleich ermöglichen. Rudolf Steiner wiederholte deshalb sogleich noch einmal die Problemlage und die Lösung:

«Sie sehen daraus zugleich, dass mit einseitiger Betrachtung überhaupt nichts getan ist. Denn denken Sie einmal, dass, so wie die Menschen nun einmal leben, gewisse Worte – ich will gar nicht sprechen von Ideen oder Empfindungen –, gewisse Worte ‹Wertigkeit›, bestimmte Valeurs bekommen. Nun ja, ‹antisozial›, das bekommt so etwas, was einen antipathisch anmutet, man betrachtet das als etwas Böses. Schön, nur kann man sich nicht viel darum kümmern, ob das als etwas Böses betrachtet wird oder nicht, da es etwas Notwendiges ist, da es – sei es bös, sei es gut – eben in unserem Zeitraum gerade mit den notwendigen Entwickelungstendenzen des Menschen zusammenhängt. Und wenn jemand dann auftritt und sagt, die antisozialen Triebe sollen bekämpft werden, so ist das ein ganz gewöhnlicher Unsinn, denn sie können nicht bekämpft werden. Sie müssen, nach der ganz gewöhnlichen Entwickelungstendenz der Menschheit, gerade das Innere des Menschen in unserer Zeit ergreifen. Nicht darum handelt es sich, Rezepte zu finden, um die antisozialen Triebe zu bekämpfen, sondern darauf kommt es an, die gesellschaftlichen Einrichtungen, die Struktur, die Organisation desjenigen, was außerhalb des menschlichen Individuums liegt, was das menschliche Individuum nicht umfasst, so zu gestalten, so einzurichten, dass ein Gegengewicht da ist für dasjenige, was im Innern des Menschen als antisozialer Trieb wirkt. Daher ist es so notwendig, dass der Mensch in diesem Zeitraum mit seinem ganzen Wesen ausgegliedert wird von der sozialen Ordnung. Sonst kann das eine und das andere nicht rein sein.

Sehen Sie, in früheren Zeitaltern hatte man Stände, hatte man Klassen. Unser Zeitalter strebt über die Stände, strebt über die Klassen hinaus. Unser Zeitalter kann nicht mehr die Menschen in Klassen einteilen, sondern es muss den Menschen in seiner Gesamtheit gelten lassen und in eine solche soziale Struktur hineinstellen, dass nur das von ihm Abgesonderte sozial gegliedert ist.»

Der eine Blick nimmt die Tatsache des sich zentrisch auf sich selbst stellenden Tages-Ich jedes Menschen als gegeben wahr. Der periphere Blick findet die Auflösung der damit verbundenen Gefahr, wenn im Umkreis jedes Menschen soziale Strukturen aufgebaut werden, die das Zwischenmenschliche möglich machen. –

Es wird nicht über die Absonderung des Einzelmenschen, über den Sündenfall aus dem einst weltverwachsenen, noch kosmisch eingebundenen Menschheitszustand entsetzt gejammert, weil es einen Sinn des Eingriffs Luzifers gibt. Er hat die unersetzliche Gabe der Freiheit gebracht. Das ließ die Gottheit zu, weil ihr offenbar eine in Freiheit motivierte gute Tat lieber ist als die von guten Automaten – bei aller Gefahr, im Bösen zu scheitern. Die Hilfe in dieser Gefahr liegt in der Kraft, die nicht im einzelnen Menschen ist, sondern die dort wirkt, «wo zwei oder drei in meinem Namen versammelt sind, da bin ich mitten unter ihnen». Dazu brauchen wir den zwischenmenschlichen Blick, den peripheren Blick.

*

Schon in der Anfangszeit seiner anthroposophischen Wirksamkeit war Steiner diese Umkreistherapie des sozialen Problems, das die berechtigte Antisozialität aufwirft, deutlich geworden. So veröffentlichte er im Oktober 1905 einen Aufsatz zum Thema «Geisteswissenschaft und soziale Frage», in welchem er als Resümee ein «Soziales Hauptgesetz» formulierte:

«Das Heil einer Gesamtheit von zusammenarbeitenden Menschen ist umso größer, je weniger der Einzelne die Erträgnisse seiner Leistungen für sich beansprucht, das heißt, je mehr er von diesen Erträgnissen an seine Mitarbeiter abgibt, und je mehr seine Bedürfnisse nicht aus seinen Leistungen, sondern aus den Leistungen der Anderen befriedigt werden.» (GA 34: 213).

In der Gewinnung von Erkenntnisfortschritten, was Steiner das «Geistesleben» nennt, gebührt jedem Menschen seine eigene, autarke Autonomie. Im Wirtschaften aber wird den leiblichen Bedürfnissen nach Nahrung, Kleidung, Wohnung etc. aufgeholfen. Sie hat jeder Mensch als Grundbedürfnisse gleicherweise und benötigt dafür die Solidargemeinschaft, welche jenes Umfeld hergibt, das den ebenso berechtigten Individualismus im Geistigen austariert.

Wenn dieser Wechselbezug, der jede Seite dort anerkennt, wo sie hingehört – das eine im Inneren, das andere im Äußeren –, nicht nur erfasst worden ist, sondern gelebt werden will, entsteht das Bedürfnis, das Heilsame in wenigen Worten zu sagen. Bei Steiner führte das zu dem Sozialspruch:

«Heilsam ist nur,
wenn im Spiegel der Menschenseele sich bildet die ganze Gemeinschaft
und in der Gemeinschaft lebt der Einzelseele Kraft.»
(5.11.1920, GA 40: 256)

Sieht man sich die darin vollzogene Ideenverschränkung an, so wird deutlich:

Der Bewusstseinsspiegel ist das Vermögen, das Wahrgenommene abzubilden, also vorzustellen. Gerade die Vorstellung aber sollte nicht autistisch bleiben, sondern den sozialen Umkreis einbeziehen.
Die Willenskraft der Einzelseele aber sollte sich dann mit ihren Impulsen in die Gemeinschaft einbringen können. Nur so entwickelt sich diese weiter.

In beidem vollzieht sich der Pendelschlag. So kommen die Innenweltlichkeit jedes Menschen und sein mitmenschlicher Umkreis in dasjenige Wechselspiel, wo beide Seiten – verantwortete Freiheit und in Freiheit eingegangene Bindung – sich gegenseitig mehr aufhelfen können als deren parteiische Polarisierung. Der zentrische Blick gelingt dabei leicht, der periphere ist in manchen Ansätzen heute schon da.

11. Vom zentrischen zum peripheren Blick

Also üben wir den Übergang. Eben hierin war Rudolf Steiner der Lehrer der von ihm berufenen Lehrer bei der Begründung der Waldorfschulpädagogik. Sie wurde durch vierzehn Vorträge der *Allgemeinen Menschenkunde* (21.8. – 5.9.1919) vorbereitet, in denen möglichst umfassend die Existenzweisen des Menschseins und insbesondere des Kindes einbezogen wurden. So beginnt der 2. Vortrag die Betrachtung vom seelischen Standpunkt aus, der 6. Vortrag vom geistigen Gesichtspunkt und ab dem 12. Vortrag von der leiblichen Betrachtung aus.

Der 10. Vortrag ist unter ihnen nun geradezu der Scharniervortrag, der alle drei Herangehensweisen verbindet. Zu ihm sei die folgende Verständnisübung unternommen.

Welche Vorstellungen fallen uns am leichtesten? Die klaren, einfachen geometrischen Vorstellungen von Punkt, Linie, Kreis und Kugel.

Von dorther werden die Teilnehmer abgeholt. Dem Kopf eignet vorwiegend die Kugelform, insbesondere der Gehirnraum. Hierin bilden wir den Mittelpunkt unseres Tagesbewusstseins als einen Spiegel des eigenen Subjektseins.

Anders sind wir seelisch in unseren zentralrhythmischen Organen Lunge und Herz verankert. In deren Organprozessen spielen in jedem Augenblick unsere spontanen Gefühle hinein und modulieren den Atem und Pulsschlag. Wir leben darin in einer Art Tagträumen, das unsere Wahrnehmungen, Vorstellungen und Gedankenverbindungen mit Antipathie oder Sympathie und – noch häufiger – im dauernden Wechsel beider Gefühlsrichtungen begleitet. Davon ist sogar das Brustkorbskelett der organmäßige Ausdruck. Seine «Kugelform» ist schon mehr in die Länge gestreckt, dabei nach oben und hinten eher geschlossen, nach unten und vorne offen gebaut, wobei Abschluss und Öffnung sich in jeder Höhe als feste Rippen und weicher Zwischenrippenraum räumlich-rhythmisch abwechseln.

In der Gestaltung der Extremitäten, den «Äußersten», aber treffen wir auf die Körperperipherie, die sich nach außen zunehmend in vielfältige Knochenelemente aufgliedert und damit – polar zum kompakten Schädel, dem Exoskelett – das reiche Bewegungsleben ermöglicht, wobei die hauptsächlichen Weichorgane sich nicht mehr *im* Inneren, sondern *um* das Innenskelett, das damit zum Endoskelett wird, anordnen.

Diese polare Gestaltung bringt nun Steiner dazu, den als erstes begonnenen geometrischen Aspekt in seiner hilfreichen Vereinfachung fortzusetzen, wohl wissend, dass er damit den anwesenden künftigen Lehrern, die wohl kaum die Projektive Geometrie kannten, immer noch viel zumutete:

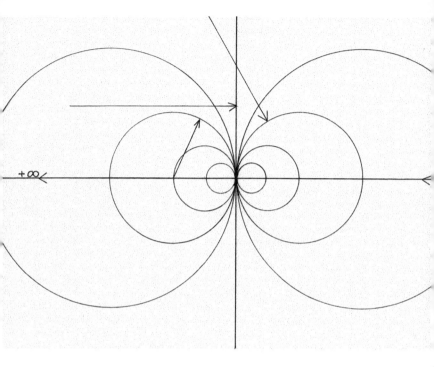

Abb. 10: Kreisscharen mit nach links bis ins Unendliche wanderndem Mittelpunkt kommen rechts vom Unendlichen zurück, wobei die überdehnte Kreislinie die Innenkreisfläche zur Außenkreisfläche umstülpt. Die Innenradien links werden im Grenzfall parallel zur Wanderlinie und danach zu Außenradien. Der jeweils unendliche kleine Mittelpunkt der linken Kreise wird dabei zum unendlichen großen Mittelpunkt aller rechten Kreise.

«Und wir kommen dabei an ein sehr, sehr schwieriges Kapitel, vielleicht das schwierigste für die Vorstellung, das wir in diesen pädagogischen Vorträgen zu überschreiten haben.» (GA 293: 1.9.1919)

Dem Leser sei eine noch recht einfache geometrische Formenfolge hier angedeutet, die den Übergang in die Unvorstellbarkeit illustriert: Man lasse einen Ausgangskreis an seiner Tangente als einer senkrecht dazu stehenden Geraden wachsen. Dabei wandert der Kreismittelpunkt zunehmend rascher nach links ab.

Wenn die dabei sich streckende Kreisperipherie mit der Tangente identisch geworden ist, liegt der zugehörige Kreismittelpunkt links unendlich weit entfernt. Das gilt aber auch für die Kreisscharen spiegelbildlich rechts von der Tangente, die ihrerseits dann ihren Mittelpunkt rechts im Unendlichen besitzt. Die Kreisabwandlung in der Peripherie an der Tangente, zuerst sich abflachend, dann sich streckend und dann sich überdehnend, geschieht gedanklich ohne Bruch in voller Kontinuität. Dabei gilt selbstverständlich, dass jeder Kreis seinen Mittelpunkt nur einmal hat. Die Tangente als Peripherie zweier unendlich groß gewordener Kreise scheint aber nach beiden Seiten hin zwei unendlich ferne Mittelpunkte zu haben. Das Kontinuitätsprinzip verbietet jede Ausnahme. Hat dann der «Tangentenkreis» nach links und rechts im Unendlichen je zwei halbe Mittelpunkte? Da ein Punkt unendlich klein, also ausdehnungslos, ist, kann es von «unendlich klein» keine Hälften geben. Also muss die unendliche Ferne in allen Richtungen *ein* unendlich ferner, unendlich großer Punkt sein. Das kann nicht mehr vorgestellt, aber in Kontinuität ohne Ausnahmen klar gedacht werden.

Im endlichen Kreis strahlen die Radien vom Mittelpunkt zur Peripherie auseinander. Vom umgestülpten unendlich großen Mittelpunkt strahlen die Radien sich sammelnd ins Endliche herein.

So ist der Vorschlag Steiners im 10. Vortrag, die Gliedmaßen als Elemente der durch das Unendliche gegangenen, umgestülpten Kugel aufzufassen:

«Und wo hat denn das Gliedmaßensystem den Mittelpunkt? Jetzt kommen wir auf die zweite Schwierigkeit. Das Gliedmaßensystem hat den Mittelpunkt im ganzen Umkreis. Der Mittelpunkt des Gliedmaßensystems ist überhaupt eine Kugel, also das Gegenteil von einem Punkt. Eine (unendlich große, d. R.) Kugelfläche. Eigentlich ist überall der Mittelpunkt; daher können Sie sich überallhin drehen, und von überallher strahlen die Radien ein. Sie vereinigen sich mit Ihnen.

Was im Kopfe ist, geht vom Kopfe aus; was durch die Gliedmaßen geht, vereinigt sich in Ihnen. Deshalb musste ich auch in den anderen Vorträgen sagen: Sie müssen sich die Gliedmaßen eingesetzt denken. Wir sind wirklich eine ganze Welt, nur dass dasjenige, was da von außen in uns herein will, an seinem Ende sich verdichtet und sichtbar wird. Ein ganz winziger Teil von dem, was wir sind, wird in unseren Gliedmaßen sichtbar, sodass die Gliedmaßen etwas Leibliches sind, das aber nun ein ganz winziges Atom ist von dem, was eigentlich im Gliedmaßensystem des Menschen da ist: Geist. Leib, Seele und Geist ist im Gliedmaßensystem des Menschen. Der Leib ist in den Gliedmaßen nur angedeutet; aber in den Glied-

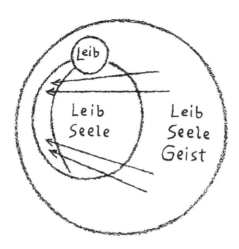

Abb. 11: Steiners geometrisierende Zeichnung der menschlichen Dreigliederung in seiner «Allgemeinen Menschenkunde». Der Kopf ist sichtbar der kugelförmigste Körperteil mit seinem Zentrum im Inneren, der Rumpf nur noch ein Fragment einer größeren seelischen Kugel mit ihrem Mittelpunkt als Zentrum des Weltinteresses. Die dritte und unendlich groß zu denkende geistige Kugel ist zugleich ihr Mittelpunkt nach dessen Umstülpung im Unendlichen, dessen kleinste konvergierende Radienanteile die Gliedmaßennatur vorstellen (aus GA 293: 152).

maßen ist ebenso das Seelische drinnen, und es ist drinnen das Geistige, das im Grunde genommen die ganze Welt umfasst.»

Alles im Voraufgegangenen Vorgebrachte bietet uns die Hilfen, diese Darstellung zu verstehen, ohne dass sie vorstellbar ist. Die Vorstellbarkeit als Wirklichkeitskriterium haben sich ja auch im Laufe des 20. Jahrhunderts die Quantenphysiker schon abgewöhnen müssen. Wir meinen aber immer noch, nur aus dem Leibesinneren den Weltzugang erreichen zu können. Aber das hirnzentrierte Bewusstsein täuscht sich über das Gesamt der menschlichen Möglichkeiten und meint, allein von den Nervenzentren her die Gliedmaßen zu bewegen. Das mag teilweise für unsere weltfremden Aktionen stimmen. Die vollmenschliche Handlung nimmt jedoch ihre Motive nicht aus dem Bedarf der eigenen Selbstverwirklichung, sondern aus den Bedürfnissen der Welt, z. B. der Mitmenschen – der Arzt vom Patienten, der Pädagoge von den Kindern. Dann sind die Kinder nicht für die Schule, sondern die Schule ist für die Kinder da. Dann sind die Menschen nicht für die Wirtschaft, sondern die Wirtschaft ist für die Menschen da.

«Heute tritt der Lehrer im Grunde genommen, wenn er sich auch manchmal in seinem Oberstübchen Illusionen darüber hingibt, mit dem deutlichen Bewusstsein vor den andern Menschen hin, dass der aufwachsende Mensch ein kleines Tierlein ist, und dass er dieses Tierlein zu entwickeln hat – etwas weiter, als es die Natur schon entwickelt hat. Anders wird er fühlen, wenn er sagt: Da ist ein Mensch, von dem gehen Beziehungen zur ganzen Welt, und in jedem einzelnen aufwachsenden Kind habe ich etwas, was in der ganzen Welt eine Bedeutung hat. Wir sind da im Schulzimmer: In jedem Kinde liegt ein Zentrum von

der Welt aus, vom Makrokosmos aus. Dieses Schulzimmer ist der Mittelpunkt, ja viele Mittelpunkte für
den Makrokosmos. Denken Sie sich: lebendig das ge-
fühlt – was das bedeutet!»

Diese Umstülpung der Zentrik beinhaltet einen neuen
Geistbegriff. Der Geist sitzt gerade nicht im Kopf, weder
in den Hirnventrikeln noch in der Zirbeldrüse, noch in
der Rinde des Neokortex. In der letzteren wird nur der
bewusst auftauchende Abklatsch des Geistes in Form
von Vorstellungen, Systemen, Modellen, Diagrammen,
Konstrukten etc. geliefert. Der wirkliche, weil wirksa-
me Geist liegt in der Gliedmaßennatur. Nicht dass ich
reflektiere, ist geistvoll, sondern dass ich zugreife und
praktisch verwirkliche, was die anderen benötigen. Es
geht darum, die Esoterik der Tat zu entdecken. Auf diesem neuen Geistbegriff Steiners beruht im Grunde die
zur Praxis drängende Seite der Anthroposophie. Darauf
beruht die Fruchtbarkeit aller anthroposophischen Be-
rufsfelder. Sie versteht sich gerade auch darin als voll-
inhaltliche geistige Bewegung.

Denn der Geist ist gerade nicht irgendein Menschen-
bild oder Weltbild (Steiner mied solche Worthülsen fer-
tiger Panoramen), sondern besteht in der aktiven Welt-
offenheit und Weltverbundenheit, weil nicht der eigene
Gedankengehalt – er hat nur Vorlaufwert –, sondern
auch die Geistseite der Welt, verbunden mit der eigenen
Welt, voll einbezogen wird. Der Geist ist das Schaffende
in der Welt und damit auch im Menschen. Es gibt nichts
Praktischeres als den Geist. So der geistige Realist Steiner

auf die Frage: «Woran erkennt man einen Eingeweihten?» – «Daran, dass er der praktischste Mensch ist.» Man kann auch den Satz umkehren. Wer ein dauerhaft welttauglicher Lebenspraktiker ist, hat Anteil am Eingeweihtensein.

Mit dem alten Geistbegriff müssen wir auch den alten Begriff des Eingeweihten, wie er heute als weltabgehoben umläuft, umstülpen und den «Mittelpunkt» in der Peripherie, im Kosmos, im Geiste finden. Man mache die Probe: Im Steinerschen Gesamtwerk ersetze man überall das Wort «Geist» durch «Tätigkeit». Es passt immer.

*

Die Weisheit des Leibes selbst macht uns das angesprochene Rätsel der Gliedmaßen direkt vor, wenn wir ihre Entstehung in der Embryonalentwicklung betrachten. Gut ist noch nachzuvollziehen, dass sie ab der 4. Woche Auswüchse der Rumpfseiten sind, denn dem ist ja materialmäßig, also zellulär, auch so. Unerwartet für unser zentrisches Bewusstsein vom abgegrenzten Leib aber ist, dass ihre Durchgliederung, also ihre Formgebung, für die künftigen Funktionen von der Peripherie ausgehen: Es bildet sich zuerst die Anlage der Handperipherie (Finger), dann der Hand; dann schließt sich die des Unterarmes, dann des Oberarmes an, und zuletzt vollzieht sich erst der Anschluss der Ärmchen an den Schultergürtel und der Beinchen an die Gelenkpfanne des Beckens.

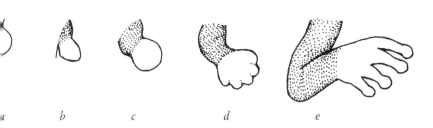

a   b   c   d   e

Abb. 12: Die embryonale Ausbildung der oberen Gliedmaßen. Die Gestaltfindung geschieht von der Peripherie her. a 28. Tag, b 30. Tag, c 38. Tag, d 44. Tag, e 56. Tag (nach Blechschmidt 1975).

Physisch sind die Gliedmaßen Auswüchse des Rumpfes, gestaltlich sind sie vom Umkreis her sich bildende Organe, die lebenslang uns deshalb welttauglich machen. Wer den Bologna-Vortrag verstehen konnte, begreift sofort das Eigentümliche der Gliedmaßenentwicklung: Das wahre Ich lebt nicht im Kopf, sondern in der Welt. Wenn etwas von ihm im Leib tätig ist, so ist es z.B. die alle Organe verbindende Immunologie – das «biologische Selbst»: die Umwechslung der Nahrungsstoffe in die eigene, individuelle Leibessubstanz, eben der aufbauende Stoffwechsel; noch mehr aber die Gliedmaßen als unsere welttauglichsten Organe, besonders wo wir faktisch mit Händen und Füßen die Welt berühren und verändern.

Was am wenigsten dabei gewusst wird, ist, dass die Füße die besten Intuitionsorgane sind. Zwar sagt schon die Sprache, wenn wir «begreifen», dass das etwas mit den Händen zu tun hat, aber auch, wenn wir etwas sogar «verstehen», dieses mit den Füßen zu tun hat.

Gute Einfälle zu haben geht allein mit aufgestütztem Kopf selten oder gar nicht. Manchmal klärt das Schreiben die Gedanken, aber es sollten schon welche vorhanden sein. Sonst gilt das Diktum Wilhelm Buschs:

> Schwer ist das Denken, doch indes
> Das Schreiben geht auch ohne es.

Besser gelingt es schon beim Reden, was bekanntlich schon Heinrich Kleist auffiel, besonders wenn wir das Gespräch mit der Gebärdensprache der Hände unterstützen können. Josef Beuys bemerkte, mit den Knien denken zu können. Der bedeutende Physiker und Physiologe Hermann Helmholtz (1821-1894) berichtete von sich:

> «Wer aber will solche Geistesblitze zählen und wägen, wer den geheimen Wegen der Vorstellungsverknüpfungen nachgehen, dessen,
>
> > Was, von Menschen nicht gewusst,
> > oder nicht bedacht,
> > Durch das Labyrinth der Brust
> > Wandelt in der Nacht.
> > (Goethe: An den Mond)

Ich muss sagen, als Arbeitsfeld sind mir die Gebiete, wo man sich nicht auf günstige Zufälle und Einfälle zu verlassen braucht, immer angenehmer gewesen. Da ich aber ziemlich oft in die unbehagliche Lage kam, auf günstige Einfälle harren zu müssen, habe ich darüber, wann und wo sie mir kamen, einige Erfahrungen gewonnen, die vielleicht anderen noch nützlich werden können. Sie schleichen oft genug still in den Gedankenkreis ein, ohne dass man gleich von Anfang an ihre Bedeutung erkennt; dann hilft später nur zuweilen noch ein zufälliger Umstand zu erkennen, wann und unter welchen Umständen sie gekommen sind, sonst sind sie da, ohne dass man weiß, woher. In anderen Fällen aber treten sie plötzlich ein, ohne Anstrengung, wie eine Inspiration. Soweit meine Erfahrung geht, kamen sie nie dem ermüdeten Gehirn und nicht am Schreibtisch. […] Oft waren sie wirklich den zitierten Versen Goethes entsprechend, des morgens beim Aufwachen da, wie auch Gauß angemerkt hat. Besonders gern aber kamen sie, wie ich schon in Heidelberg berichtete, bei gemächlichem Steigen über waldige Berge in sonnigem Wetter.» (Aus Albrecht 1970)

Der Münchner Neurologe Ernst Pöppel (*1940) berichtet die gleichen Erfahrungen:

«Welche anderen Situationen – neben jener des Miteinander-Redens – lassen sich noch für die ‹Verfertigung der Gedanken› finden? Die soziale Situation des Redens können wir abwandeln, indem wir uns selbst zu jenem anderen machen. Wir führen ein Selbstgespräch. Für viele Menschen ist ein solches Selbstgespräch genauso kreativ wie ein Gespräch mit anderen. Allerdings können die meisten Menschen Selbstgespräche nicht immer und überall führen. Interessanterweise ist für viele das *Gehen* eine besonders günstige Rahmenbedingung für eine Unterhaltung mit sich selbst. In Abwandlung der Kleistschen These könnte man geradezu sagen: Über die allmähliche Verfertigung der Gedanken beim Gehen. Wenn man allein eine längere Strecke geht, ohne dass dabei die körperliche Anstrengung zu groß wird, dann befindet man sich in einer idealen Situation für ein kreatives Selbstgespräch.» (Pöppel 2000: 183)

Goethe schon notierte sich in seinen Tagebucheintragungen von 1780:

«Im Gehen viel gedacht. Was ich Gutes finde in Überlegung, Gedanken, ja sogar im Ausdruck, kommt mir meist im Gehen, sitzend bin ich zu nichts aufgelegt; darum ist das Diktieren weiter zu treiben.»

Der ganze zweite Teil des *Faust* ist von ihm im hohen Alter im Hin- und Hergehen diktiert worden.

Rudolf Steiner sieht in den Füßen sogar karmische Organe: Sie führen uns faktisch dahin, wo wir unserem Schicksal begegnen (GA 167: 255). Etwas davon kennt jeder, der Entscheidendes nicht nach vorgenommenem Plan erfuhr, sondern durch seine Füße. Man wandert oder streift auch nur umher, und dabei geschieht das Unerwartete. Das schönste Liebesgedicht Goethes ist:

Ich ging im Walde so für mich hin,
Und nichts zu suchen, das war mein Sinn. ...

Dann geschah die Lebensbegegnung mit seiner künftigen Frau.

Am ersten Gründonnerstag in der Passionswoche wäscht Christus den Jüngern die Füße. Petrus hat da seine Vorbehalte und möchte lieber den Kopf sauber gewaschen bekommen. Doch sind merkwürdigerweise die Füße wichtiger:

«So kam er auch zu Simon Petrus. Da sprach dieser: Herr, du wäschest mir die Füße? Jesus antwortete: Was ich tue, verstehst du jetzt noch nicht; später aber wirst du es erkennen. Und Petrus sprach: Du sollst mir nicht die Füße waschen, weder jetzt noch je in künftigen Zeiten. Da antwortete Jesus: Wenn ich dich nicht wasche, so hast du keinen Teil an mir. Und Simon Petrus sprach: Herr, nicht die Füße allein, sondern auch die Hände und das Haupt. Jesus erwiderte: An wem die Waschung geschieht, der bedarf nur der Fußwaschung; sie macht sein ganzes Wesen rein.» (Johannes 13, 6-10 in der Übersetzung von Emil Bock)

12. Aus der Welt des Kindes

Es ist das Eigentümliche der seelischen Pubertät, dass die erwachende Jugendpsyche die bis dahin gelebte Kindhaftigkeit wie eine Schlangenhaut abstreift. Seitdem haben wir hochgradig vergessen – nicht so sehr die äußeren Ereignisse –, aber wie es uns als Kind seelisch zumute war. Goethe vermerkte einst, dass er solche Umbrüche vielmals im Leben erfahren hatte:

> «Doch der Mensch hat viele Häute abzustreifen, bis er seiner selbst und der weltlichen Dinge nur einigermaßen sicher ist.» (an F. V. L. Plessing, 26.7.1782).

Der Schweizer Dichter Carl Spitteler (1845–1924) erlebte die Entdeckung seiner Identität noch anders. Er gehörte zu den seltenen Menschen, die sich bis ins erste Lebensjahr zurückerinnern können, und berichtete 1914 davon:

> «Ich zweifle, ob ich in meinem ganzen späteren Leben wesentlich Neues dazu erlebt habe. Wenn mich aber jemand fragte: ‹Welches deiner Iche in den verschiedenen Lebensstufen geht dich am nächsten an? Welches davon würdest du bekennen, falls du wählen müsstest?› – so würde ich antworten: ‹Das meiner frühesten Kindheit›.»

Was bewirken denn dann noch all die späteren Häutungen? Was vergessen wir schon von uns selbst, wenn wir im dritten Lebensjahr zu unserem Alltags-Ichbewusstsein aufwachen? Dem Leser sei überlassen, diese Fragestellungen, wie sie so unterschiedlich bei Goethe und Spitteler auftauchen, zu seinen eigenen zu machen, um sie dann an den folgenden Kindheitsberichten abzuwägen.

«Die Mutter ging mit dem kleinen Uwe Einkäufe machen. Im Gedränge verlor er sie. Uwe unterdrückte tapfer seine Tränen. Er sah sich um, erblickte einen Schutzmann, ging auf ihn zu und fragte: ‹Herr Schupo, haben Sie vielleicht eine Dame gesehen ohne mich?›» (Aus K. Franken 1962)

Was geht im Kind vor, so zu formulieren? Es ist die Empfindung: ‹Eigentlich gehöre ich doch zu meiner Mutter. Es muss doch jedem auffallen, dass ihr ein Junge fehlt.› Das Kind besitzt eine hohe Identifikation mit der geliebten Bindungsperson und kann sie sich ohne es selbst nicht recht vorstellen.

Ein schwäbischer Bub steht mit seinem Schlitten im Schnee und hat eiskalte, verfrorene Hände. Er versucht sie mit dem eigenen Atem zu wärmen und sinniert vor sich hin: «G'schiecht meiner Muater grad recht, wenn's ihr'n Bua an d'Fenger friert. Worum hot se mer koi Hendschich kauft?»

Der Schmerz, den das Kind empfindet, wird von ihm so erlebt, dass er doch zugleich auch der Schmerz der Mutter sein muss. Welch andere Einstellung zu sich und dem vertrauten Erwachsenen als später!

«‹Warum kommst du heute so spät zur Schule, Inge?›,
fragt die Lehrerin die ABC-Schützin. ‹Ach, Fräulein›,
erwidert Inge strahlend, ‹denken Sie, ich bin soeben
ein Schwesterchen geworden.›» (Aus Franken 1962)

Sie versteht sich also erstmals neu als Schwester vom
neuen Geschwister her.

«Ein Kind wird gefragt: ‹Hast du noch Geschwister?› Es
antwortet: ‹Nein, ich bin alle Kinder, die wir haben.›»
(nach Franken). Es sieht sich selbst als Geschwisterkreis.

Ein Kind verletzt sich, indem es von einer kleinen
Mauer fällt und sich den Ellbogen aufschlägt. Es läuft
heulend zur Mutter, und diese fragt: «Wo hast du dir
denn wehgetan?» Es antwortet: «Hab Bäucheleweh!»
Jeder Kinderarzt weiß, dass kleine Kinder körperliche
Schmerzen noch nicht genau lokalisieren können; sie
werden noch oft diffus im ganzen Leib verteilt empfunden. Das kleine Kind kann aber genau lokalisieren, wenn
es antwortet: «Dort an der Mauer.» Die Stelle wird noch
viele Tage weiträumig umgangen. Der Schmerz haftet für
sein Empfinden mehr an der Mauer als am Ellbogen. Darum lassen sich Kinder so leicht von ihren Schmerzen ab-
lenken; man muss ihnen nur etwas Interessantes zeigen.

Alle diese Aussprüche deuten darauf hin, dass das Kind
seelisch ein Umweltwesen ist – je jünger, desto mehr.
Nicht zentrisch von innen her wird die Welt empfunden.
Sein Ich ist viel stärker mit seiner näheren Umgebung
eins als mit seinem Leib. Es lebt noch voll das «Bologna-
Ich».

Eine Mutter verlässt ihr schlafendes Kind kurzzeitig. Als sie zurückkommt, findet sie es weinend vor. «‹Was ist denn geschehen, Kind?›, fragt Mutti ängstlich. Schluchzend berichtete der kleine Mann: ‹Ich bin aufgewacht, Mutti, und bin zu dir ins Bett gekrochen, und du warst nicht da. Da bin ich zu Pappi ins Bett gekrochen, und der war auch nicht da. Da bin ich in mein Bett zurück, und ich war auch nicht da. Da hab’ ich Angst gekriegt!›» (Aus Franken 1962)

Der eigene Leib wird noch gar nicht voll wahrgenommen, sondern sogar noch im Bett gesucht.

Ab dem Alter von drei bis vier Wochen lächelt der Säugling jeden ihm sich freundlich nähernden Menschen an und ist bereit, ihn als Bezugsperson anzunehmen – so das erste halbe Lebensjahr. Ab dem 7. Monat beginnt er, deutlich vertraute von unvertrauten Menschen zu unterscheiden, und «fremdelt» den letzteren gegenüber. Der langsam aufwachende Teil seines Ich stößt sich vom Unvertrauten ab, der unbewusste Teil ist noch lange mit seiner ganzen Umgebung verbunden. Hätten wir, erwachsen, dieses Umgebungs-Ich sogar bewusst, wir würden uns vielfach vor Schmerzen krümmen in Einfühlung mit der zur Ökokrise und Ökokatastrophe korrumpierten Umwelt. Wie angenehm für uns selbst, dass dem nicht so ist. Wie schlecht für unsere nähere und fernere Umwelt, dass wir dazu oftmals nicht mehr in der Lage sind. Daran wird deutlich, was das entscheidende, nachhaltige Heilmittel gegen die Zerstörung der Lebenssphäre der Erde durch eine nur halb aufgeklärte globale Zivilisation ist: die Entdeckung des lebenslang weltinhaltlichen wahren Ich jedes Menschen. Die Tiefenpsychologie des Bologna-Vortrages vom sich selbst gründlich hinterfragenden und dadurch erst sich über sich selbst aufklärenden Ich muss nach hundert Jahren dringender noch als damals erst erkannt, dann erlebt und dann betätigt werden. «Der ist der weiseste Mensch, der noch von einem ganz kleinen Kind etwas lernen kann.» (GA 15: 15)

Nahezu alle Kulturen haben in den letzten fünfhundert Jahren damit begonnen, die Kindheitsphase der Menschheit abzustreifen. Sie befinden sich nun in eben diesem Ausmaße in einer gesamtgesellschaftlichen Pubertät. Die Symptome sind zu offensichtlich, als dass sie hier noch ausführlich beschrieben werden müssten. Im Einzelleben erwacht hierbei vollends die Sexualität und damit die Verantwortung für den Lebensbeginn anderer. Und es erwacht im Selbstgespräch das Bewusstsein, suizidfähig zu sein, und damit die Verantwortung für das eigene Lebensende zu haben. Wozu diese Entdeckungen? Daran erwacht die Sinnsuche des Daseins: Wozu bin ich da im Leben? Das sind notwendige Durchgangsstadien dafür.

Sie werden nun gesamtgesellschaftlich akut: der Einbezug der Sexualität in die breite Öffentlichkeit der Gesellschaft einerseits und andererseits die volle technische Möglichkeit, mit der 1896 erstmals entdeckten Radioaktivität als neuer Energiequelle nun alles Leben auf der Erde jetzt sogar mehrfach auslöschen zu können – gleich ob durch ihre militärische oder «friedliche» Anwendung. Das sind die offensichtlichen Kennzeichen der globalen Pubertätsphase der jetzigen Menschheit (Schad 2013).

Darüber kann man sich mit jedem aufgeweckten Menschen heute verständigen. Der Einzelne ist darin immer schon mündiger als die Gesellschaft. Deswegen ist nichts interessanter, wichtiger und entscheidender als das öffentliche Auftreten von Mündigkeitserscheinungen. Dass die Weltgesellschaft global in ihre Mündigkeitsphase eintritt, darauf wird alles in der nächsten und ferneren Zukunft ankommen, sonst gibt es keine Zukunft. Die Anthroposophie versteht sich mit der Ausbildung auch des peripheren Blickes als eine solche Mitvorbereitung der auf uns zukommenden Zukunft.

Literatur

Albrecht, B. u. G. (Hrsg.): *Der Eid des Hippokrates. Ärzteerinnerungen aus vier Jahrhunderten, von Paracelsus bis Paul Ehrlich*, Buchverlag Der Morgen, Berlin 1970, S. 409 f.

Ballmer, K.: *Briefwechsel über die motorischen Nerven*, Verlag Fornasella, Besazio/Schweiz 1953.

Beaconsfield, P., Birdwood, G. u. Beaconsfield, R.: Die Plazenta, in: *Spektrum der Wissenschaft*, H. 10, Heidelberg 1980, S. 103-109.

Blechschmidt, E.: Entwicklungsgeschichte und Entwicklung, in: *Scheidewege 5 (1)*, Stuttgart 1975, S. 89-118.

Brettschneider, H.: Die Embryonalhüllen und die Plazentation im näheren Vergleich, in Schad, W.: *Säugetiere und Mensch. Ihre Gestaltbiologie in Raum und Zeit. Bd. 2*, Freies Geistesleben, Stuttgart 2012, S. 749-819, insbes. S. 809.

Buchanan, J.: Geschichtlicher Abriss der Duplizitätstheorie von der Renaissance bis zur Gegenwart, in Schad, W. (Hrsg.): *Die menschliche Nervenorganisation und die soziale Frage. Teil 1*, Freies Geistesleben, Stuttgart 1992, S. 31-65.

Bühler, W.: Marssphäre und Sprachbildung, in: *Sternkalender 1970/71*, Dornach 1969.

Descartes, R.: *Principia philosophiae*. Amsterdam 1644.

– : *Les passions de L'âme*, Le Gras, Paris 1649. Französisch-Deutsch: *Die Leidenschaften der Seele*, F. Meiner, Hamburg ²1996, S. 53/55.

Franken, K.: *Kindermund*, J. Pfeiffer, München 1962.

Graham, B. F. u. Bormann, F. H.: Natural root grafts, in: *The Botanical Review*, Vol. 32, No. 3, New York 1966, S. 255-292.

Heisenberg, W.: *Das Naturbild der heutigen Physik*, rororo, Hamburg 1955.

Hensel, H. u. Scheuerle, H. J.: *Zur Frage der motorischen und sensitiven Nerven. Auszüge aus Werken Rudolf Steiners*. Manuskriptdruck Marburg 1979, Wiederabdruck in Schad, W. (Hrsg): *Die menschliche Nervenorganisation und die soziale Frage. Teil 2: Dokumentarischer Anhang*, Freies Geistesleben, Stuttgart 1992, S. 94 u. 102f.

Hildebrandt, G.: Zur Physiologie des rhythmischen Systems, in: *Erfahrungsheilkunde* 33 (11), 1984, S. 776-788.

– : Die Bedeutung rhythmischer Phänomene für Diagnose und Therapie, in: *Beiträge zu einer Erweiterung der Heilkunst. Sonderheft*, 1985, S. 8-24.

– : Rhythmusforschung als Aufgabe einer anthroposophisch-goetheanischen Naturwissenschaft, in: *Der Merkurstab* 50 (6), 1997, S. 329-336.

Hollrichter, K.: Der geteilte Embryo, in: *Frankfurter Allgemeine Zeitung* Nr. 239: 50, 15.10.2001. Originalarbeit siehe Pistrowska 2001.

Husemann, F.: Zur Frage der «motorischen Nerven», in: *Mitteilungen der Vereinigung anthroposophisch forschender Ärzte*, Nr. 2, Oktober 1921. Nachdruck in: *Ärzte-Rundbrief* (hrsg. von der Anthroposophischen Gesellschaft, Ärzte-Gruppe Stuttgart), Nr. 9/10, Febr./März 1948, S. 15-20.

Kaiser, F.: Die geozentrische Merkursphäre, heliozentrisch dargestellt, in: *Sternkalender 1965/66*, Dornach 1964. Ebenso über die Sphären von Merkur (1965/66), Mars (1966/67), Venus (1967/68) u. Jupiter (1968/69). Dornach 1964, 1965, 1966, 1967. Zum näheren Verständnis siehe Bühler 1969.

Kienle, G.: Die Grundfragen der Nervenphysiologie, in Schad, W. (Hrsg.): *Die menschliche Nervenorganisation und die soziale Frage. Teil 2*, Freies Geistesleben, Stuttgart 1992, S. 125-287.

Knöbel, M.: Mykorrhiza – Versuch einer ganzheitlichen Betrachtung der Wurzel-Pilz-Symbiose, in: *Tycho de Brahe-Jahrbuch für Goetheanismus*, Niefern 1987, S. 199-222.

Kornhuber, H. H. u. Deecke, L.: *Wille und Gehirn*, Edition Sirius, Bielefeld u. Locarno 2007.

Kühn, A. u. Hess, O.: *Grundriss der Vererbungslehre*, Quelle & Meyer, Heidelberg, Wiesbaden [9]1986.

Kühn, R.: *Himmel voller Wunder*, H. Reich, München 1957, [3]1964.

Kux, M.: Motorische Nerven: Hat Steiner geirrt?, in: *Info 3*, September 2013, S. 60-63.

Langen, C. D. de: The placenta as an example of a peripheral heart, in: *Cardiologica* 24 (6), 1954, S. 346-352.

Langman, J.: *Medizinische Embryologie*, Thieme, Stuttgart 1980.

Margulis, L.: *Symbiosis in cell evolution*, Freeman, San Francisco 1981.

Metzinger, T.: Das Probelm des Bewusstseins, in Roth, G. (Hrsg.): *Aus Sicht des Gehirns*, Suhrkamp, Frankfurt/M. 2003, S. 15-60.

Meyer-Abich, K. M.: Von der Umwelt zur Mitwelt, in: *Scheidewege* 18, 1988/1989, S. 128-148.

Müller, E.: *Rehabilitation der Sünde. Neue Perspektiven im Schnittfeld von Quantentheorie und Schöpfungstheologie*, Radius, Stuttgart 2004.

Pirozynski, K. A. u. Malloch, D. W.: The origin of land plants: a matter of mycotrophism, in: *Biosystems*, Vol. 6, 1975, S. 153-164.

Pistrowska, K. et al.: Blastomeres arising from the first cleavage division have distinguishable fates in normal mouse development, in: *Development* 128, 2001, S. 3739-3748.

Pöppel, E.: *Grenzen des Bewusstseins. Wie kommen wir zur Zeit und wie entsteht Wirklichkeit?*, Insel tb 2727, Frankfurt/M., Leipzig 1997, S. 181.

Poppelbaum, H.: Warum nannte Rudolf Steiner sensible und motorische Nerven wesensgleich?, in: *Der Beitrag der Geisteswissenschaft zur Erweiterung der Heilkunst. Ein anthroposophisch-medizinisches Jahrbuch*, Bd. 1, Dornach/Basel 1950, S. 333-346.

Rivera, M. C. u. Lake, J. A.: The ring of life provides evidence for a genome fusion origin of eukaryotes, in: *Nature* 431, 2004, S. 152-155.

Rohen, J.: *Funktionelle Anatomie des Nervensystems*, Schattauer, Stuttgart, New York 1971, ³1978.

Röthlein, B.: *Die Quantenrevolution. Neue Nachrichten aus der Teilchenphysik*, dtv, München 2004.

Roth, G.: *Fühlen, Denken, Handeln. Wie das Gehirn unser Verhalten steuert*, Suhrkamp, Frankfurt/M. 2001.

Schad, W.: Zur Menschenkunde des Jugendalters. Vom Wesen des Astralleibes, in Schad, W. (Hrsg.): *Zur Menschenkunde der Oberstufe. Gesammelte Aufsätze*, Manuskriptdruck der Pädagogischen Forschungsstelle beim Bund der Freien Waldorfschulen, Stuttgart 1981, ²1990, S. 10-19.

– : Der goetheanistische Forschungsansatz und seine Anwendung auf die ökologische Problematik des Waldsterbens, in Schnell, G. R. et al. (Hrsg.): *Waldsterben – Aufforderung zu einem erweiterten Naturverständnis*, Freies Geistesleben, Stuttgart 1987, S. 79-99.

– : Zur Organologie und Physiologie des Lernens. Aspekte einer pädagogischen Theorie des Leibes, in Lippitz, W. u. Rittelmeyer, C. (Hrsg.): *Phänomene des Kinderlebens – Beispiele und methodische Probleme einer pädagogischen Phänomenologie*, Verlag Julius Klinkhardt, Bad Heilbrunn/Obb. 1989, ²1990.

– : Das Nervensystem und die übersinnliche Organisation des Menschen, in Schad, W. (Hrsg.): *Die menschliche Nervenorganisation und die soziale Frage. Teil 1: Ein anthropologisch-anthroposophisches Gespräch*, Freies Geistesleben, Stuttgart 1992, S. 267-338. Neuauflage in einem Band 2014 unter dem Titel *Die Doppelnatur des Ich. Der übersinnliche Mensch und seine Nervenorganisation.*

– : «Wir suchen noch immer die menschlichen Ziele …». Was geschieht im Leben nach dem Tode?, in: *Die Drei* 74 (11), 2004, S. 13-28.

– : Die Bedeutung der Nachgeburt in anthroposophischer Sicht, in Schad, W. (Hrsg.): *Die verlorene Hälfte des Menschen. Die Plazenta vor und nach der Geburt in Medizin, Anthroposophie und Ethnologie,* Freies Geistesleben, Stuttgart ²2005, S. 66-78.

– : Das Wirken der Verstorbenen für die Erde im Spiegel der Landschaftsmalerei, in: *Die Drei* 78 (11), 2008, S. 23-42.

– : Evolutionsbiologie heute. Zum Darwinjahr 2009, in: *Jahrbuch für Goetheanismus 2008/2009*, Niefern 2008, S. 7-38.

– : Was bin ich? Wer bin ich? Zum Selbstverständnis des eigenen Ich, in: *Der Merkurstab* 64 (4), 2011, S. 321-331.

– : Ich und Leib, in: *Rundbrief der Pädagogischen Sektion am Goetheanum. Sonderausgabe: 9. Weltlehrertagung 2012,* Goetheanum, Dornach/Basel 2012, S. 4-22.

– : Die Radioaktivität in physikalischer, biologischer, psychologischer und spiritueller Hinsicht, in Friedrich, G.: *Nukleare Prozesse – Bewusstseinsprozesse. Die Rolle der Radioaktivität für die Entwicklung des Menschen,* Stiftung Rosenkranz, Birnbach 2013.

– (Hrsg.): *Die Doppelnatur des Ich. Der übersinnliche Mensch und seine Nervenorganisation*, Freis Geistesleben, Stuttgart 2014.

Schimper, A. F. W. in *Botanische Zeitung*, Bd. 41, 1883, S. 105.

Schopenhauer, A.: *Die Welt als Wille und Vorstellung*, Leipzig 1819.

Sitte, P.: *Zellen in Zellen. Endocytobiose und ihre Folgen. Verh. der Ges. Deutsch. Naturforscher und Ärzte*, München 1986, Stuttgart 1987.

Specht, F.: *Descartes*, rororo, Reinbek/Hamburg 1966, [10]2006.

Spitteler, C.: *Meine frühesten Erlebnisse*, Artemis, Zürich, München 1986.

Staněk, V. J.: *Die Schönheit der Natur*, Artia, Prag 1955.

Steiner, R.: *Die geistige Führung des Menschen und der Menschheit* (1911), GA 15, Dornach 1987, S. 15.

– : *Die Geheimwissenschaft im Umriss* (1910), GA 13, Dornach 1989, S. 119 f.

– : Geisteswissenschaft und soziale Frage (1905), in: *Luzifer-Gnosis 1903-1908*, GA 34, Dornach 1987, S. 213.

– : Die psychologischen Grundlagen und die erkenntnistheoretische Stellung der Anthroposophie, in: *Philosophie und Anthroposophie 1904-1918*, GA 35, Dornach 1984, S. 139.

– : *Wahrspruchworte*, GA 40, Dornach 2005, S. 298.

– : Der Geist im Pflanzenreich (Vortrag vom 8.12.1910), in: *Antworten der Geisteswissenschaft auf die großen Fragen des Daseins*, GA 60, Dornach 1983, S. 157 ff.

– : *Die Theosophie des Rosenkreuzers*, GA 99, Dornach 1985, Vortrag vom 28.5.1907, S. 47 ff.

– : Über den Rhythmus der menschlichen Leiber (Vortrag vom 21.12.1908), und: Rhythmen in der Menschennatur (Vortrag vom 12.1.1909), in: *Geisteswissenschaftliche Menschenkunde*, GA 107, Dornach 2011.

– : *Die geistigen Wesenheiten in den Himmelskörpern und Naturreichen*, GA 136, Dornach 2009, 6. Vortrag vom 8.4.1912, S. 100 ff.

– : Ein Stück aus der jüdischen Hagada, in: *Gegenwärtiges und Vergangenes im Menschengeiste*, GA 167, Dornach 1962, 11. Vortrag vom 23.5.1916, S. 255.

– : *Geschichtliche Notwendigkeit und Freiheit. Schicksalseinwir-*

kungen aus der Welt der Toten, GA 179, Dornach 1993, Vortrag vom 9.12.1917, S. 45f.

– : Soziale und antisoziale Triebe im Menschen (Vortrag vom 12.12.1918), in: *Die soziale Grundforderung unserer Zeit – In geänderter Zeitlage*, GA 186, Dornach 1990.

– : *Entsprechungen zwischen Mikrokosmos und Makrokosmos. Der Mensch eine Hieroglyphe des Weltalls*, GA 201, Dornach 1987, 10. Vortrag vom 1.5.1920, S. 146.

– : *Das Initiatenbewusstsein. Die wahren und die falschen Wege der geistigen Forschung*, GA 243, Dornach 2004, 7. Vortrag vom 16.8.1924, S. 129 ff.

– : *Allgemeine Menschenkunde als Grundlage der Pädagogik*, GA 293, Dornach 1992, 2. Vortrag vom 22.8.1919, 3. Vortrag vom 23.8.1919, 10. Vortrag vom 1.9.1919.

– : *Konferenzen mit den Lehrern der Freien Waldorfschule. Bd. 2*, GA 300/II, Dornach 1955, Konferenz vom 21.6.1922, S. 105.

– : *Die Erneuerung der pädagogisch-didaktischen Kunst durch Geisteswissenschaft*, GA 301, Dornach 1991, 2. Vortrag vom 21.4.1920.

– : Erziehungsfragen im Reifealter (Vortrag vom 21.6.1922), in: *Erziehung und Unterricht aus Menschenerkenntnis*, GA 302a, Dornach 1993, S. 78f.

– : *Physiologisch-Therapeutisches auf Grundlage der Geisteswissenschaft*, GA 314, Dornach 2010, Vorträge vom 26.10.1922 u. vom 23.4.1924, S. 107 u. 343.

– : Anthroposophische Geisteswissenschaft und medizinische Erkenntnis (Vortrag vom 2.10.1923), in: *Anthroposophische Menschenerkenntnis und Medizin*, GA 319, Dornach 1994, S. 83.

– : *Das Verhältnis der verschiedenen naturwissenschaftlichen Gebiete zur Astronomie*, GA 323, Dornach 1997, Vorträge vom 1. u. 2.1.1921, S. 34, 36 etc.

– : *Geisteswissenschaftliche Grundlagen zum Gedeihen der Landwirtschaft*, GA 327, Dornach 1999, 6. Vortrag vom 14.6.1924, S. 168.

Stoye, J. P. u. Coffin, J. M.: A provirus put to work, in: *Nature* 403, 17.2.2000, S. 715-717.

Vetter, S.: Heliozentrische und geozentrische Planetensphären, in: *Sternkalender 1969/70*, Dornach 1968.

Westphal, W. H.: *Physik. Ein Lehrbuch*, Springer 1953, S. 59f.

Wyssling, P.: Rudolf Steiners Kampf gegen die motorischen Ner-
ven. Das Schicksal einer Weltanschauungsentscheidung in Karl
Ballmer und Gerhard Kienle. Edition LGC, Siegen / Sancey le
Grand 2013.

Ziemke, A.: Steiner hat sich geirrt!, in: *Info 3*, Mai 2013, S. 54-56.

Über den Autor

Wolfgang Schad, Prof. Dr. rer. nat., geb. 1935 in Biber-
ach/Riss. Studium der Biologie, Chemie und Physik in
Marburg und München, der Pädagogik in Göttingen. Ab
1962 Lehrer an der Goetheschule – Freie Waldorfschule,
Pforzheim, ab 1975 Dozent am Seminar für Waldorfpädagogik, Stuttgart, Leitung der Pädagogischen Forschungsstelle beim Bund der Freien Waldorfschulen und
des Freien Hochschulkollegs in Stuttgart. 1992–2005
Lehrstuhl für Evolutionsbiologie und Morphologie an
der Universität Witten-Herdecke. Zahlreiche Aufsätze
in vielen Zeitschriften und Sammelbänden über natur-
wissenschaftliche, menschenkundliche und pädago-
gische Themen. Veröffentlichungen im Verlag Freies
Geistesleben: *Säugetiere und Mensch* (1971, 2012);
Goetheanistische Naturwissenschaft, Bd. 1–4 (1982–
1985); *Erziehung ist Kunst* (1986, 2005); *Die verlorene
Hälfte des Menschen* (2005, 2008); *Goethes Weltkultur*
(2008).

Was ist Zeit?

Die Welt zwischen Wesen
und Erscheinung

Herausgegeben von Wolfgang Schad

So führt die Beschäftigung mit dem Rätsel der Zeit
uns aus dem verbreiteten Dualismus heraus und hilft
jenes Bindeglied zu beachten, das die Immanenz und
Transzendenz dadurch verbindet, dass es sie ebenso
im Nacheinander wie im Gleichzeitigen vereinigt:
die wahre Zeit.

Freies Geistesleben

Was ist Zeit?
Die Welt zwischen Wesen
und Erscheinung.
Herausgegeben von
Wolfgang Schad.
Überarbeitete Neuausgabe
ca. 224 Seiten, kartoniert

Die Autoren verfolgen das Rätsel der Zeit, die mehr ist als das Nacheinander von Vergangenheit, Gegenwart und Zukunft. Jeder bewegliche Rhythmus wiederholt im Jetzt die Vergangenheit und nimmt schon etwas von der Zukunft voraus. Zeit ist so die große Vermittlerin in allen Dualismen und heilt die Spaltungen.

Aus dem Inhalt: Georg Kniebe: Phänomenologische Betrachtungen zur «Zeit» | David Auerbach: Von der physikalischen Zeit zum Zeiterkennen | Gunther Hildebrandt: Zeiterleben und Zeitorganismus des Menschen | Wolfgang Schad: Vom Verstehen der Zeit | Erika Dühnfort: Ebenen des Zeiterlebens | Wolfgang Schad: Goethes Auffassung von Zeit | Anhang: Quellentexte zum Zeitverständnis

Verlag Freies Geistesleben

Die Doppelnatur des Ich
Der übersinnliche Mensch
und seine Nervenorganisation
Herausgegeben von Wolfgang Schad

Woher rühren denn die falschen Begriffe über die Arbeit?
Wer richtige Begriffe über die sogenannten motorischen
Nerven hat, der wird sicher auch bald zu richtigen
Begriffen über die Funktion der Arbeit im sozialen
Organismus kommen.
Freies Geistesleben

Die Doppelnatur des Ich
Der übersinnliche Mensch
und seine Nerven-
organisation.
Herausgegeben von
Wolfgang Schad.
Neuausgabe
436 Seiten, kartoniert

Rudolf Steiner hat wiederholt mit Nachdruck die übliche Interpretation der dualen Nervenleitungen angefochten. Im Nervensystem lägen nicht zweierlei verschieden benutzte Nerven, nämlich für das Wahrnehmen einerseits und für den Bewegungswillen andererseits vor, sondern alle Nerven vermitteln Wahrnehmungen. Die Frage ist nur: An wen?

Aus dem Inhalt: B. Sandkühler: Zur Geschichte der Begriffe «motorische» und «sensitive» Nerven | I. Buchanan: Geschichtlicher Abriss der Duplizitätstheorie von der Renaissance bis zur Gegenwart | O. Wolff: Nerv und Muskel | L. F. C. Mees: Das Problem der motorischen Nerven und das soziale Bewusstsein | G. v. Arnim: Die Bedeutung der Bewegung in der Heilpädagogik | W. Schad: Das Nervensystem und die übersinnliche Organisation des Menschen | Auszüge aus Werken R. Steiners

Verlag Freies Geistesleben

Die verlorene Hälfte
des Menschen
Die Plazenta vor und nach der Geburt
in Medizin, Anthroposophie und Ethnologie
Herausgegeben von Wolfgang Schad

Verlag Freies Geistesleben

**Die verlorene Hälfte
des Menschen**
Die Plazenta vor
und nach der Geburt.
Herausgegeben von
Wolfgang Schad.
160 Seiten, kartoniert

Leben und Tod sind schon bei der Geburt ineinander
verschlungen. Das Kind lebt weiter, seine eigenen Hüllorgane sterben. Was spielt sich hierbei leiblich und geistig ab? Welche Aufklärung gibt uns dazu die Anthroposophie? Wie sind andere Kulturkreise damit umgegan-
gen? Welche neuen Formen des Umganges sollten wir
entwickeln?

Das sind die Fragen, die in den Beiträgen von zehn Autoren behandelt werden. Das Buch wendet sich in erster
Linie an alle mit dem Geburtsgeschehen Verbundenen:
Eltern, Hebammen und Ärzte. Es kann aber auch jedem an den Grundfragen des Menschseins Interessierten
dienlich sein. Es möchte in die leiblichen, kulturellen und
geistigen Vorgänge einführen, die uns vor der Geburt ins
Leben geführt haben.

Verlag Freies Geistesleben

Wolfgang Schad
Säugetiere und Mensch
Ihre Gestaltbiologie in
Raum und Zeit.
Unter Mitarbeit von
Heinrich Brettschneider
und Albrecht Schad.
1255 Seiten mit 1430
Abb., durchgehend farbig,
gebunden, zwei Bände im
Schuber

Das Lebenswerk des Evolutionsbiologen Wolfgang
Schad erschließt die uns am nächsten verwandte Tier-
gruppe. Wie verstehen wir sie von unserem eigenen
Menschsein her? Und was tragen sie für unser Selbstverständnis bei? Alle europäischen Säugetiere und ein
Großteil derselben von anderen Kontinenten und Mee-
ren kommen zur Sprache und mit 1430 Abbildungen ins
zumeist farbige Bild von oft hohem dokumentarischen
Wert. Der Autor war oft überrascht von der Fülle an
neuen Regeln, die ihm diese Tierwelt häufig erst vor Ort
in der freien Natur vorlebte.

Ihre Embryologie, ihre Ökologie, ihre Lebenszyklen
und ihr Sterben werden voll einbezogen. Das zweibändi-
ge Werk bringt zugleich lohnende Ergebnisse der Fach-
forschung in allgemeinverständlicher Weise für jeden
Naturbegeisterten.

Verlag Freies Geistesleben